Sarah Rossbach y Lin Yun

•

Feng Shui y el arte del color

Traducción de Magdalena Senestrari

Sarah Rossbach y Lin Yun

*Feng Shui y
el arte del color*

EMECÉ EDITORES

159.98　Rossbach, Sarah
ROS　　　Feng Shui y el arte del color / Sarah Rossbach y Lin Yun. -
　　　　2a ed. - Buenos Aires : Emecé, 1999.
　　　　256 p. ; 23x15 cm. - (Divulgación)

　　　　Traducción de: Magdalena Senestrari

　　　　ISBN 950-04-2004-X

　　　　I. Yun, Lin　II. Título - 1. Autoayuda

Emecé Editores S.A.
Alsina 2062 - Buenos Aires, Argentina
E-mail: editorial@emece.com.ar
http: // www.emece.com.ar

Título orginal: *Living Color. Master Lin Yun´s Guide
to Feng Shui and the Art of Color*
Copyright © 1994 by Sarah Rossbach and Lin Yun
© Emecé Editores S.A., 1999

Diseño de tapa: *Eduardo Ruiz*
Fotocromía de tapa: *Moon Patrol S.R.L.*
2ª impresión: 3.000 ejemplares
Impreso en Talleres Gráficos Leograf S.R.L.,
Rucci 408, Valentín Alsina, diciembre de 1999

Reservados todos los derechos. Queda rigurosamente prohibida,
sin la autorización escrita de los titulares del "Copyright",
bajo las sanciones establecidas en las leyes, la reproducción
parcial o total de esta obra por cualquier medio o procedimiento,
incluidos la reprografía y el tratamiento informático.

IMPRESO EN LA ARGENTINA / PRINTED IN ARGENTINA
Queda hecho el depósito que previene la ley 11.723
I.S.B.N.: 950-04-2004-X
23.554

Dedicado a las personas más coloridas que conozco: Ellie, Douglas, Bebo, Cho-cho y, por supuesto, Lin Yun

S.R.

Dedicado a las personas necesitadas, y también a quienes deseo agradecer: Sarah Rossbach y los discípulos, estudiantes y amigos del Templo Yun Lin

L.Y.

El color es el vacío, el vacío es el color.
SUTRA DEL CORAZÓN

Prefacio

Escribir este libro ha sido algo así como una difícil búsqueda del tesoro, con Lin Yun dejando a su paso una estela de claves tan perfectamente dispuestas como enigmáticas. Yo fui el sabueso que examinó, investigó y juntó estas claves que iban y venían sobre un vasto territorio conformado por la filosofía, religión, arte, medicina, diseño y cultura chinos. La teoría de Lin Yun sobre el color, como muchas cosas de origen chino, abarca una amplia gama de disciplinas, desde las de dimensiones más específicas a las de orden más cósmico, uniendo lo práctico con lo filosófico y aun con lo místico. Las teorías de Lin Yun se ocupan desde sencillas curas que se valen del color, del estilo de qué color de ropa usar cuando se busca un empleo o qué colores de automóviles ayudan a prevenir accidentes, hasta las ideas esotéricas acerca del color, que vinculan el color con los elementos tanto tangibles como intangibles del universo.

En 1977, yo vivía, estudiaba y trabajaba en Hong Kong. Comencé a tomar lecciones de chino con un profesor de la Universidad Yale de China, llamado Lin Yun, quien de hecho, me enseñó más que el mandarín básico. Durante nuestras clases, Lin Yun me brindó conocimientos sobre la filosofía china, la mística y ciertas prácticas tradicionales, tales como el *feng shui*, el arte chino de la disposición de las cosas. A partir de entonces, hemos trabajados juntos con Lin Yun en proyectos y libros que tratan sobre el feng shui chino: *Feng Shui: The Chinese Art of Placement* y *El arte del Feng Shui: Cómo diseñar el espacio para armonizar la energía*. En *El arte de vivir el color*, el profesor Lin revela su teoría sobre cómo nos afecta el color y explora el rol filosófico y visual del color en nuestras vidas. En este libro, cumplo la triple función de redactora, esforzada intérprete e investigadora.

El tema del color surgió hace algunos años mientras caminaba por la Avenida de las Américas en Nueva York con Lin Yun y una bandada de admiradoras suyas: todas bellas mujeres chinas. Le preguntaban qué colores elevarían su chi, es decir, su energía personal. Según parecía, todas necesitaban colores diferentes. El profesor Lin me aconsejó usar rojo o púrpura. Le pedí que me explicara, pero partió hacia el aeropuerto. Si bien no corrí a cambiar mi guardarropa, su sugerencia me quedó grabada y la recordaba especialmente cuando me vestía de rojo o púrpura. Cuando empezamos a escribir este libro, recordé a Lin Yun el consejo que me había dado. Me explicó que existe un viejo proverbio chino que dice: "Es tan rojo que es púrpura", por aquello que está tan caliente que no admite más calentamiento. Usando estos colores me transformaría en un símbolo andante de lo mejor en cuanto a fortuna, fama y suerte. No estaba mal.

Este libro fue concebido a partir de mi propia curiosidad por el color y el conocimiento y sabiduría del profesor Lin. La primera vez que Lin Yun y yo conversamos sobre un libro acerca de la teoría del color, debo confesar que pensé que consistiría en una simple y llana explicación de cómo todos nosotros respondemos a los colores: los colores del medio que nos rodea, de la vestimenta y de los alimentos.

A fin de prepararme para este proyecto, leí libros que representaban un corte transversal sobre lo que se había escrito acerca del color, desde la colección *Color Me Beautiful* y los estudios de Faber Birren hasta las teorías de Goethe y textos científicos modernos. Sin embargo, pronto me di cuenta de que, si bien la fascinación por el color y la forma en que éste nos afecta es una preocupación universal de larga data, debía hacer a un lado estas otras obras. La mejor manera de enfrentar la teoría del profesor Lin Yun sobre el color era aceptándola desde su singularidad, en sus propios términos. Esto requiere comprender la evolución de su teoría del color desde las raíces asiáticas: la filosofía, las costumbres culturales, el arte y el folclore, la religión y la medicina, la ciencia y la superstición primitivas. Nunca me hubiera esperado la riqueza de la información filosófica, religiosa y mística que comenzó a transmitirme cuando comenzamos seriamente nuestras reuniones de trabajo.

Durante seis meses, intenté seguir el paso de un Lin Yun que iba volviéndose más y más evasivo y que, cuando lograba ponerme a la par, lanzaba bombas filosóficamente enigmáticas, del estilo "El color es el vacío, el vacío es el color", que me impulsaban aturdida primero a la biblioteca a investigar y digerir y luego a la computadora a tratar de explicar que, en realidad, todo tenía perfecto sentido.

El carácter para "color" abriga la paradójica frase budista:
"El color es el vacío, el vacío es el color.
El color no es el vacío, el vacío no es el color".

■■■

Las primeras investigaciones para este libro comenzaron en Berkeley, California, en el Templo de Lin Yun, fundado por él como el primer templo americano del Budismo Tántrico de la secta Negra, conocida también como BTB. Lin Yun es el líder espiritual de la secta Negra e imparte en la actualidad su filosofía y cultura chinas alrededor del mundo.

El diálogo continuó una vez de regreso en Nueva York durante incursiones de Lin Yun en un par de conferencias en las Naciones Unidas, en la sede de Nueva York del Instituto Norteamericano de Arquitectos o en el viaje de ida a un simposio en la Universidad de Harvard. En Nueva York llevé varias veces a Lin Yun y a algunos de sus discípulos a almorzar y lo entrevisté en chino, esperando que su voz pudiera oírse por encima del ruido de platos y cubiertos de los bochincheros comensales, y el Muzak, para que mi grabador pudiera cumplir bien su función. Durante estas entrevistas, Lin Yun solía hablar de conceptos sobre el color familiares para los conocedores del feng shui. En otras oportunidades, exponía teorías, conceptos y prácticas que resultaban nuevos a mis oídos y que con frecuencia eran muy esotéricos. Si bien las premisas básicas de *El arte de vivir el color* pueden no ser nuevas para los estudiantes del chi o los discípulos de Lin Yun, su aplicación práctica y sus conclusiones filosóficas parecen abrir nuevos horizontes en el antiguo campo de la práctica y pensamiento místicos chinos.

La filosofía de Lin Yun sobre el color y sus efectos en la vida es sumamente subjetiva. Las personas con antecedentes científicos y médicos pueden estar en completo desacuerdo con sus nociones. Otras con inclinaciones artísticas quizá palidezcan ante sus combinaciones de colores, que no siempre serán estéticamente agradables. Pero este enfoque del estudio del color no es ni científico ni estético. El presente libro refleja el punto de vista de Lin Yun sobre un aspecto importante del complejo juego que se establece entre los humanos y el universo. Los méritos de sus teorías residen en el hecho de que usa los colores para explicar las respuestas recíprocas de índole filosófica, emocional y física generadas por el color: en pocas palabras, la relación entre el color y la vida. Algunas de las ideas de Lin Yun pueden funcionar para algunas personas y no para otras. Es el lector quien debe elegir y decidir lo que le sirve.

Personalmente, tuve ciertas dudas con respecto a algunos de los sistemas de colores aplicados. Para el promedio de los occidentales, incluyéndome, algunas teorías y esquemas de colores en un sentido estricto desafían el buen gusto. Por ejemplo, un arreglo personal basado en los ciclos de los colores de los cinco elementos puede proponer zapatos blancos, falda negra y blusa verde o azul como una combinación de colores muy auspiciosa. Yo me sentiría muy incómoda así vestida... hasta preferiría combinar un diseño escocés con un estampado floral. No obstante, no siento que necesite tomar estos consejos como verdad indisputable. Por el contrario, los uso como una fuente de conocimiento sobre las secuencias de colores que pueden mejorar el bienestar o aumentar los niveles de energía. Estos colores pueden usarse como acentos para avivar guardarropas desabridos y activar el chi. El uso del ciclo contribuye con quien lleva la vestimenta en la visualización del desarrollo dinámico de la energía, alineando su energía con un ciclo creativo que eleva el chi.

Si bien algunas de las teorías de Lin Yun derivan de la tradición budista, éste no es un libro religioso. No es necesario ser budista para tomar y aplicar *El arte de vivir el color*. Intento representar de una forma veraz y completa las teorías y prácticas de Lin Yun, así como proporcionar la filosofía y la historia que pueden explicar sus enseñanzas. No estoy publicando información que pueda resultar difícil de aceptar o probar. Como con mis otros libros, el valor de éste depende de la inteligencia, juicio, intuición y lucidez interior que los lectores aporten. Considero el uso del color en la propia vida como una forma de lograr un fin deseado y no necesariamente como un método de curación absoluto. Después de todo, el negro o el verde pueden ayudar en un examen, pero si no se estudió, será en vano. De la misma manera, si se está enfermo, el solo uso del color puede no representar la forma de curación, pero la aplicación del color mientras se sigue la prescripción médica puede contribuir al tratamiento científico.

Durante mis investigaciones, descubrí que en China no se encuentran especialistas en color. Sin embargo, el color juega un papel importantísimo en muchos aspectos de la cultura china y es parte de esta tradición tan llena de simbolismos. La información que se encuentra en *El arte de vivir el color* es la asociación de los valores y filosofía tradicionales de la China sobre el color y una moderna interpretación y enriquecimiento desarrollados por el profesor Lin Yun. Esta asociación de lo viejo y lo nuevo, este y oeste, está en plena armonía con la naturaleza ecléctica de la filosofía y religión de Lin

Yun: El Budismo Tántrico de la secta Negra. El Budismo Tántrico de la secta Negra (BTB) es el resultado de diferentes disciplinas religiosas. Esta dinámica combinación de tradición y práctica en continua evolución se originó en la religión indígena bon del Tíbet y recibió la influencia del Budismo Tántrico de la India. En ambos sitios, absorbió enseñanzas locales. Del Tíbet trajo los cantos y hechizos místicos del bon. De la India, incorporó una iglesia organizada que incluía el yoga, cánticos, la compasión, el nirvana, el karma y la sagrada disciplina de la transmisión de las enseñanzas del maestro al discípulo. En China, adoptó el *I Ching* y las religiones taoístas y populares, así como costumbres tales como el feng shui, la quiromancia y la curación por la fe.

Actualmente en occidente, el Budismo Tántrico de la secta Negra trae la sabiduría antigua para ocuparse de problemas modernos. Ha absorbido las costumbres, las invenciones y conocimientos occidentales conservando los principios ancestrales de armonía, chi y espiritualidad y nutriéndose de la medicina, la poesía y la ciencia primitiva chinas. *El arte de vivir el color* es uno de los resultados de esta enseñanza en dinámica evolución. Toma la filosofía antigua y la aplica a través del color en nuestra vida diaria: el medio ambiente, la vestimenta, la salud y alimentación, la personalidad y el propio desarrollo espiritual.

Considerado por algunas personas un hombre sagrado, Lin Yun comenzó su entrenamiento cuando tenía seis años. Nació en Pekín en 1932. Solía jugar con amigos en el terreno de un templo budista tibetano cerca de su hogar. El templo albergaba a varios lamas entrenados en el Budismo Tántrico de la secta Negra. Un día, un monje se acercó a los niños y les ofreció darles clases de religión. Si bien sus amigos salieron corriendo, Lin Yun se acercó para escuchar lo que el monje tenía para decir. Durante los siguientes nueve años, Lin Yun recibió instrucción del lama Da De sobre las escrituras y rituales de la secta. Éstos incluían las artes místicas tántricas tibetanas y textos y prácticas chinos tradicionales, tales como el *I Ching* y el feng shui. A partir de entonces, continuó sus estudios con otro gurú de la secta Negra, así como con otros maestros budistas y filósofos chinos. También estudió leyes, caligrafía y planeamiento urbano y, en la actualidad, da conferencias sobre la filosofía y las tradiciones chinas, que incluyen el feng shui, el desarrollo del chi y la meditación.

Los chinos tienen un viejo dicho: "El verde deriva del azul y lo supera". Esta colorida afirmación se refiere al estudiante que adquiere sabiduría y conocimiento de un maestro y luego lleva la enseñanza varios pasos más allá y aventaja al maestro. Un hermoso dicho, pero ningún discípulo del que yo tenga noticias ha aventajado al profesor Lin Yun en conocimiento, sabiduría, teoría o práctica. Este libro representa más que el esfuerzo de sólo dos personas. Otras muchas personas han contribuido a su creación. Algunos de los discípulos avanzados de Lin Yun proveyeron información específica sobre la meditación, mientras que otros contribuyeron en la recopilación de ilustraciones o en contestar a mis continuos interrogantes. Deseo agradecer a las siguientes personas por su tiempo, sus historias personales y su paciencia: Crystal Chu, Lynn Ho Tu, Ken Yeh, Wilson y Tsu-wei Chang, el profesor Chin-chuan Lee, el profesor Leo Chen y la señora Chen, Christine Chen, Francis Li, Shena Huang, la profesora Catherine Yi-yu Woo, Lyping Wu, Patricia Shiah, Patty Cheng, Alice Yang, Mimi Tsai, Lily Wang, los editores de Kodansha Barbara Einzig y Paul De Angelis, los miembros del plantel de Kodansha Gordon Wise y Lauren Brey, la diseñadora Nina Ovryn, los fotógrafos Steven Mark Needham y Judy Angelo Cowen, mi agente, Caroline Press y, finalmente, a Trip Emerson, el muy paciente ilustrador. También dirijo mi sincero agradecimiento a Dolores MacKinnon y Victoria Ward por su asistencia en la transcripción y a Linda Pignataro por su contribución en todas las etapas de este manuscrito. También agradezco a nuestras niñeras, Connie y Ellie por ayudarme con los dos niños que llegaron durante este proyecto, prolongándolo, así como a mi esposo, Douglas, que debe estar casi tan contento como yo de que este libro esté terminado. Por encima de todo, desearía agradecer a Lin Yun, que me otorgó su tiempo, su conocimiento y su sabiduría para hacer posible este libro.

Sarah Rossbach

Introducción

Gran parte de nuestra vida es incierta. Es poco lo que podemos afirmar que conocemos con certeza acerca del mundo, la naturaleza, el cosmos. Por lo general, intentamos revelar una minúscula porción del misterio de nuestras vidas aplicando ciertos principios *ru-shr* (lógicos), protegidos dentro de los límites de los conocimientos y experiencias acumulados hasta el presente. Semejante esfuerzo, si bien es indispensable, resulta totalmente inadecuado. El Budismo Tántrico de la secta Negra —en la actualidad en la cuarta etapa de desarrollo— busca proporcionar lo que llamamos un enfoque *chu-shr* (trascendental) a fin de permitirnos traspasar los estrechos confines de la sabiduría convencional.

"El color no es diferente del vacío; el vacío no es diferente del color. El color es el vacío; el vacío es el color." El reino de lo lógico es al trascendental lo mismo que el color es al vacío en la filosofía budista. Ya que "el color" se refiere a los elementos concretos y visibles de la vida, suele aceptarse que tiene *sustancia* y que forma parte integral del conocimiento establecido. Por otro lado, el reino del conocimiento trascendental, el del "vacío", desafía nuestras categorías cognitivas y nuestros patrones conceptuales. Ya que esta porción del conocimiento queda por ser descubierta o sistematizada, la imposibilidad de clasificación puede provocar entre algunos intelectuales el precipitado impulso de desecharlo por irrelevante, carente de fundamentos o supersticioso. De hecho, muchas de las prácticas trascendentales, con sus raíces epistemológicas en la sabiduría, la filosofía y la religión populares, han sobrevivido a la historia de la ciencia moderna y continúan ejerciendo resultados increíblemente potentes en muchas personas, tanto en sus vidas como en el trabajo. Podemos definir el conocimiento trascendental, provisoriamente, como no científico, pero no como ajeno a lo científico. No sólo tienen cabida en él los descubrimientos científicos, sino que hasta pueden ser fuente de inspiración de hipótesis creativas para investigaciones más intensivas. Aun así, el conocimiento trascendental provee, de todas maneras, una dimensión de percepción dentro del mundo de la vida humana que no puede ser incluido en las avanzadas ciencia y tecnología actuales ni tampoco reemplazado por éstas.

El ru-shr abarca lo lógico, lo racional y lo mundano: aquello que se encuentra al alcance de nuestra experiencia y conocimiento.

■■■

Regresando a la filosofía budista: el color es el vacío y el vacío es el color, son frases fundamentalmente indistinguibles entre sí. La clave para comprender mi enfoque se articula en una precisa interpretación de la relación entre "color" y "vacío". Si el "color" visible representa "algo", entonces el "vacío" invisible no se traduce necesariamente a "nada". Más bien diríamos que el vacío paradójicamente abarca tanto "algo" como "nada". Por ejemplo, los chinos se refieren al aire como "chi vacío". Si bien una bolsa de aire "vacía" puede no significar "nada" para la gente común porque no es ni visible ni tangible, los científicos pueden hacer de esta "nada" "algo" analizando su compleja composición física. Por lo tanto, "algo" y "nada" constituyen diferentes lados del "vacío". Lo que es "algo" para algunos puede ser "nada" para otros. Ambos elementos pueden converger o diferenciarse, dependiendo de diferentes condiciones. Esto conduce a mi interpretación del *Tao*; expresado de otra manera: El Tao consiste en el *yin* y el *yang*, que forman un todo unificado para operar incesantemente según la ley de la naturaleza. Este concepto del Tao se aplica al estado oscilante de las riquezas de una persona o a los aciertos y desaciertos de la historia de una nación. Basándome en esta idea, es mi intención desarrollar en este libro mi teoría del color no sólo desde la perspectiva del "color" desconocido sino también desde aquella del "vacío" trascendental.

¿Por qué elijo poner el foco de atención en el color? Según sugiere un texto budista, tomamos contacto con el significado de nuestra vida en el mundo a través de seis medios principales: los ojos, los oídos, la nariz, la lengua, el cuerpo y la idea. Los primeros cinco elementos, análogos a lo que conocemos como los cinco sentidos, gobiernan el reino de la *materia*, mientras que el sexto elemento cae en el reino de la *mente*. Es posible que estemos tan acostumbrados a esto que no podamos comprender en qué medida estos cinco sentidos definen nuestra realidad del lenguaje de todos los días. Así es como sentimos con el *olfato* aires de alegría o de pena, llega a nuestros *oídos* la dudosa reputación de alguien, sentimos el *gusto* amargo del éxito. Por mi parte, he decidido explorar la relación entre el color y nuestra vida en el mundo principalmente porque el color es percibido a través del órgano del ojo, que es el primero de los cinco órganos sensoriales. Las investigaciones acerca de las relaciones entre los otros sentidos y la vida humana quedarán reservadas para el futuro. Es importante que aclare que mi enfoque, basado en el Budismo Tántrico de la secta Negra, confiere fundamental importancia al papel de la *idea*, que armoniza la mente con la materia física de nuestra vida.

¿Cómo influencia sobre nuestra vida el color? Primero, el color nos define lo que existe y lo que no existe. Segundo, el color revela el estado de nuestra salud y riquezas; de esta manera, los médicos chinos tradicionales son expertos en leer el color del rostro o el chi (energía vital). Por esta razón, el color ha formado un elemento fundamental en tales ramas del conocimiento trascendental de siglos atrás, tales como la lectura de rostros, la quiromancia y la predicción. Tercero, el color inspira emoción. Por ejemplo, el verde proporciona vitalidad; el rojo simboliza la justicia (así es como los funcionarios leales llevaban invariablemente máscaras rojas en las óperas de Pekín); el blanco representa la pureza, la destrucción, la defunción y la muerte; y el negro connota cierto sentido de respeto, de grandeza y de profundidad. Nos sentimos animados y satisfechos si el estado de nuestro chi va bien con el color de nuestra vestimenta; cuando estamos deprimidos, por lo tanto, evitamos los colores rojos. Cuarto, el color también estructura nuestro comportamiento.

El chu-shr abarca lo ilógico, lo irracional y lo místico: aquello que está afuera de nuestro ámbito de experiencia.

■■■

Ningún color goza de favor universal o uniforme: diferentes colores se corresponden con diversos contextos y profesiones. Llevamos ropa de determinados colores para asistir a ceremonias religiosas, y de otros para ir a un *picnic*. Así los abogados, comerciantes y actrices quizá prefieran colores únicos para facilitar sus roles en situaciones de trabajo.

Este libro intenta explicar la manera en que el color afecta a los diferentes terrenos de nuestra vida: la alimentación, la vestimenta, el lugar en que vivimos, el transporte, la educación y la recreación. También será una guía para las personas de diferentes profesiones con respecto a la elección de colores determinados para favorecer su vida. Seguramente, una afinación más esmerada al chi ambiental a través de la sabia disposición del color ayudará al lector a aumentar la felicidad, favorecer su fortuna y promover la armonía marital. Los efectos resultan particularmente acumulativos si se combinan, integran y coordinan las relaciones mutuamente enriquecedoras y destructivas de cinco colores (blanco, verde, negro, rojo, amarillo) con la teoría china tradicional de los cinco elementos (metal, madera, agua, fuego, tierra) y la teoría de las cinco posiciones (este, oeste, sur, norte, centro). La experta aplicación de estos conocimientos inspirados es de utilidad en todas las culturas para el mantenimiento de la armonía interna de los individuos y de la armonía externa entre ellos y la naturaleza.

Este libro sigue a dos volúmenes ya publicados: *Feng Shui: The Chinese Art of Placement* (Nueva York: E.P. Dutton, 1983) y *El arte del feng shui: Cómo diseñar el espacio para armonizar la energía* (Nueva York: E.P. Dutton, 1987), ambos de Sarah Rossbach. En la década pasada, Sarah ha enunciado mi teoría a lectores anglohablantes con inusual lucidez. Siento gratitud por su incansable esfuerzo y un gran aliento por la aceptación de la crítica recibida, como lo prueba la traducción de ambos libros a varios idiomas. Como en otras oportunidades, la exposición de mis propias ideas en este volumen tiene la finalidad de incorporar elementos de las enseñanzas budistas, el bon tibetano, el taoísmo chino, el confuciaonismo, el I Ching, la teoría del yin y el yang y la sabiduría popular china tradicional. Mis interpretaciones, que promueven la confluencia del conocimiento mundano y el trascendental, están abiertas al escrutinio y confirmación científicos. El Budismo Tántrico de la secta Negra sostiene que la mayoría de las personas sólo puede cultivar y perfeccionar su chi, su virtud y su moralidad aquí y ahora en esta vida mundana, en vez de recluirse en la lujosa tranquilidad de un templo remoto. Con esto presente, expongo a continuación con mucho placer, mi teoría del color, con el deseo de aumentar el chi y la armonía del lector.

Lin Yun

Capítulo uno:

EL FENG SHUI Y EL ARTE DEL COLOR

En Nueva York, una firma importadora y exportadora china puso una alfombra verde azulada para asegurar el firme crecimiento del negocio. En Washington, un emprendedor pintó cada habitación de su oficina con un tono diferente de rojo con el deseo de alentar la buena suerte y la prosperidad. (La nueva abundancia de rojo también evocó violencia –se produjo un alboroto que no se había tomado en cuenta– de manera que el hombre contrarrestó la energía que despertaba la pasión con plantas verde seco, librándose de los problemas desde entonces.) Una pareja de Nueva Jersey aplicó una banda roja a su nuevo Volvo de color gris oscuro para crear compatibilidad y seguridad mientras conduce.

Estos son sólo algunos ejemplos de los usos del color al estilo chino. Como disciplina derivada y complementaria del feng shui, el arte del diseño, la teoría china sobre el color ofrece una manera de

El símbolo del tai-chi representa la totalidad del universo y la unidad de los opuestos: el yin existe dentro del yang y el yang existe dentro del yin.

■ ■ ■

favorecer casi cualquier aspecto de nuestras vidas, mejorándonos el humor y estimulándonos la mente, aumentando nuestra eficiencia en el trabajo y en la sociedad y creando una mejor salud física y mental. El color ha sido uno de los componentes de muchas prácticas y creencias chinas: la medicina, el arte y la poesía, la preparación de los alimentos y el feng shui. De hecho, el color es una de las nueve curas básicas del feng shui. También es un aspecto secundario de las otras ocho curas. En feng shui, el color puede favorecer un terreno, una casa, una habitación y hasta negocios y escuelas.

• El chi y el color •

Como con el feng shui, la teoría del color de Lin Yun se remonta a las antiguas creencias chinas de que nuestras vidas y destinos se encuentran entretejidos con las obras de la naturaleza y el universo. Todas las permutaciones, desde las cósmicas a las atómicas, resuenan en nosotros. La fuerza que nos articula con el color es el chi (traducida como espíritu humano, energía o hálito cósmico). Existen diferentes clases de chi: un tipo que circula en la tierra, otro que atraviesa la atmósfera, otro que anima nuestros cuerpos. Todas las personas poseen chi, pero sus características y las formas en que nos mueven varían. El chi es la identidad no biológica: el espíritu, la psique, la esencia. Sin chi, somos apenas carne y huesos. Nuestras células pueden regenerarse continuamente, no obstante nuestra identidad es básicamente la misma: esa identidad constante es el chi.

El chi es el aliento esencial que mantiene el equilibrio físico, ambiental y emocional. El factor omnipresente que puede estimular o deprimir nuestro chi es el color. El color también puede armonizar y equilibrar el chi de una persona mejorando su vida y su destino. Todos tenemos un destino que puede ser alterado, no sólo por los esfuerzos racionales o karma, sino por medios místicos que parecen desafiar la lógica. Las "curas" a través del color introducidas en este libro nos hablan de cómo modificar el destino para mejorarlo. El lector puede tomar y elegir entre una amplia variedad de curas basadas en el color que van de lo mundano a lo místico.

• *Equilibrio, armonía y vida* •

Los chinos buscan encontrar la armonía y el equilibrio en la composición física y emocional así como en el entorno. Ellos se involucran en el proceso que articula al hombre con el universo. Del proceso de equilibrio y armonía del yin y el yang surge el chi: el elemento más esencial de la vida. El chi humano, que determina nuestros movimientos así como nuestros rasgos físicos y personales, se ve poderosamente afectado por el color.

• *El color en China* •

Desde épocas remotas en la China muy ritualista, el color jugaba un papel significativo en las ceremonias y prácticas religiosas y políticas. La vestimenta cortesana y ritual era codificada según el color, para distinguir los rangos por las tonalidades del atuendo de los oficiales. El color imperial oficial era el amarillo. Se dice que Confucio, siempre respetuoso del decoro, evitaba el rojo y el púrpura en las ocasiones habituales.

Desde el segundo milenio a. de C., los chinos usaron el color para indicar direcciones cardinales, las estaciones, el pasaje cíclico del tiempo y para referirse a los órganos internos del cuerpo humano. Analizaban el entorno y las posibilidades de supervivencia examinando las diferentes tonalidades de la naturaleza: la tierra, el cielo, el sol, las aureolas de la luna, las hojas y las rocas. El color es visto como una manifestación de la energía cósmica –el chi– que también puede moldear la energía personal de un individuo y, por consiguiente, su destino. El agregado de un nuevo color a un ambiente puede promover una respuesta positiva o negativa. De modo que la teoría y práctica chinas sobre el color pueden abrir un espectro de nuevas posibilidades en nuestra vida y contrarrestar problemas existentes.

En el mundo los colores describen propiedades emocionales. Decimos que alguien puede estar verde de envidia o amarillo de susto. Para los chinos, las propiedades del color son tanto emocionales como físicas. El término para funeral es "evento blanco", mientras que la traducción literal de "oficial honorable" es "cielo azul". Se ha asociado tan claramente el amarillo con la casa imperial que el pórtico de ingreso en el palacio se conoce como la "puerta amarilla".

• El color en la actualidad •

No se debería desestimar la importancia que los chinos aún hoy siguen dando a las asociaciones del color, algo comprobado por un productor irlandés de cerveza cuando buscó incrementar el consumo de su cerveza en Hong Kong. Según trascendió, las ventas cayeron drásticamente cuando salió al aire una publicidad televisiva que mostraba a alguien arrojando al aire un sombrero verde. Finalmente fue levantado cuando se informó a la compañía que "el uso de un sombrero verde" era un eufemismo chino para expresar que un individuo es cornudo.

Para beneficio de Mao, el rojo, el color asociado con el comunismo, también es el color más auspicioso para los chinos, favoreciendo quizá la popularidad del pequeño libro rojo y el penetrante poder de los Guardias Rojos.

En la actualidad, en los Estados Unidos, el rojo, el verde y el dorado son colores muy visibles en los barrios chinos. Sin embargo, algunas veces oriente y occidente no coinciden armoniosamente. Una oftalmóloga nacida en China que vivía en California preguntó a Lin Yun de qué color pintar el exterior de su consultorio. Él le respondió que púrpura, por el dicho chino que afirma que algo es tan rojo que es púrpura, significando que tanto calor hace que sobresalga, aportando suerte y fama. De hecho, el edificio se distinguía tórridamente, provocando la furia de sus vecinos occidentales. Se opusieron tan contundentemente a la fachada fucsia que el incidente atrajo a los noticieros locales. La oftalmóloga se hizo conocida no por su asistencia en los problemas de la vista sino por lastimar la vista. De todas maneras, obtuvo fama, o al menos notoriedad, y el negocio anduvo bien. Dejando el humor de lado, el enfoque de Lin Yun sobre el color ofrece una forma diferente de relacionarnos con todo lo que vemos, cierta sensibilidad de lo profundamente que nos afecta el color en todos los aspectos del mundo que nos rodea.

• *La teoría de Lin Yun sobre el color* •

Es fácil comprender el impacto directo del color en nuestra existencia. Algunos colores nos hacen felices, otros nos hunden en la tristeza y otros nos relajan, nos distraen o nos energizan. Si comprendemos la relación entre el color y el chi humano, tendremos la posibilidad de enriquecer nuestra vida: podemos usar los colores para mejorar el estado de nuestro chi. Son seis las áreas de nuestras vidas que se ven afectadas por el color: el transporte, el refugio, la vestimenta, las actividades de recreación, la alimentación y el cultivo personal: la última categoría incluye la meditación, la educación, los rituales místicos y el uso del color como influencia prenatal.

El color influye nuestro chi de la mañana a la noche. Según explica Lin Yun: "Cuando abrimos los ojos por la mañana, mientras estamos en la cama, vemos el color del cielo raso del dormitorio. Cuando nos vamos de casa, vemos el color de las entradas de nuestra casa, luego el color de nuestro automóvil. Mientras conducimos, vemos los colores de automóviles de otros trabajadores. En la oficina o en la escuela, vemos la vestimenta de nuestros compañeros, los interiores del lugar de trabajo y de estudio. Todo esto tiene un color o tonalidad definitoria y cuando estos colores toman contacto con los ojos, nuestro chi se ve afectado creando una reacción física en cadena". Esta reacción en cadena comienza con nuestra vista: "Dentro del cuerpo humano, el cerebro cumple varias funciones. Un área del cerebro controla el habla, mientras que otra contribuye en los procesos de pensamiento. Todo lo que veamos a través de nuestros ojos, a través del nervio óptico, enviará señales sensoriales a cada una de las áreas del cerebro, que, a su vez, enviará señales a nuestro cuerpo para reaccionar a lo que ven los ojos. De manera que los colores de todo con lo que nuestros ojos tomen contacto influirán sobre nuestro temperamento, los movimientos físicos, el lenguaje y los pensamientos, sintetizando: nuestras vidas".

El Buda: Las teorías del color expuestas en este libro surgen del Budismo Tántrico de la secta Negra.

■ ■ ■

Lo expuesto es la aguda observación de un hombre sobre el fenómeno del color y las conclusiones a las que él arriba reciben muchas influencias. Esta teoría de la vida y el color se nutre de la religión —el budismo y el taoísmo—, la filosofía —el *I Ching*, el taoísmo, la teoría del yin y el yang—, la cultura —la poesía y artes chinas, la sabiduría antigua, las costumbres populares y modernas tanto de oriente como de occidente y de la observación personal de Lin Yun de la vida, la naturaleza y el chi. Su teoría es el producto natural del Budismo Tántrico de la secta Negra, que a su vez es una amalgama de otras culturas, creencias y prácticas. El BTB ofrece filosofía, rituales religiosos y prácticas basadas en una singular pero irremediable mezcla de conocimiento místico, sentido común, observación del medio e intuición.

El *arte de vivir el color* es un compendio de diversas técnicas y sistemas del profesor Lin que están asociados con el color. Si bien las prácticas pueden parecer muy diferentes y erráticas a primera vista, la filosofía primordial que sustenta cada una de las prácticas es la misma: "El color es el vacío, el vacío es el color". Esta filosofía, extraída de un sutra budista, pone dentro del mismo orden el ser, o los aspectos tangibles de la vida, y el no ser y lo intangible. Armoniza los aspectos visuales y sensoriales actuales de la vida con las fuerzas invisibles que nos afectan (sean éstas de tipo ambiental, místicas, psicológicas o visualizadas) y finalmente nos lleva a relacionarnos con el universo y más allá de éste.

La teoría de Lin Yun es adecuadamente paradójica. Es tanto oriental como occidental, antigua como nueva, mundana (cómo usar el color para mejorarnos a nosotros mismos) como trascendental (cómo usar el color de una manera metafísica para profundizar y aumentar el conocimiento y la compasión y armonizar cuerpo y mente). Estos aspectos mundanos y trascendentales convergen en una visión taoísta y budista fundamental que une la existencia con la no existencia, el color con el vacío.

El concepto básico que se encuentra por detrás de este trabajo –y las teorías de Lin Yun– es que el color nos afecta el humor, los impulsos y el comportamiento, la actividad mental y hasta la existencia física. Comprendiendo este concepto simple, podemos alterar de manera positiva nuestro chi y nuestras vidas. Algunos capítulos tratarán sobre la respuesta inmediata de los seres humanos a los colores: cómo se ven afectadas nuestras vidas y nuestro chi por los colores de nuestra ropa, los colores que vemos en nuestro entorno físico, los colores de los alimentos que ingerimos. En los últimos capítulos y el apéndice se desarrollarán los aspectos espirituales del color.

Específicamente, en los capítulos 2 y 3 se exponen los antecedentes filosóficos, culturales e históricos de las teorías y prácticas del color. El capítulo 2 presenta breves explicaciones de las ideas y sistemas filosóficos que subyacen a la teoría del color: el Tao, el yin y el yang, el chi, el I Ching, el budismo en China. Este capítulo también desarrolla los conceptos claves de las enseñanzas de Lin Yun: la teoría de los cinco elementos del color, los seis colores verdaderos, el espectro de siete colores. El capítulo 3 compendia información sobre los primeros datos del el uso del color en la arquitectura, la adivinación, las leyendas, la pintura, la meditación y las curas místicas en China y, además, puntualiza las asociaciones tradicionales que tienen los colores para los chinos. El resto del libro está organizado para satisfacer aplicaciones de la vida diaria, yendo de necesidades más prácticas –refugio, vestimenta, alimentación y salud– a intereses esotéricos, como el cultivo del chi, las curas místicas y la meditación.

Lin Yun considera el color tanto como una entidad en sí como un símbolo del mundo visual. Según él, el color define todas las cosas. Si bien la premisa básica del libro de que todos nos vemos afectados por el color es fácil de comprender y usar, la comprensión de los primeros preceptos chinos precipitará al lector a una comprensión más profunda y completa de *El arte de vivir el color*.

Capítulo dos:

LAS RAÍCES FILOSÓFICAS DE LA TEORÍA DEL COLOR DE LIN YUN

La filosofía del color presentada en este libro es una nueva interpretación para el mundo moderno de ideas que se derivan de antiguas tradiciones culturales chinas. En este capítulo se ofrecen algunos antecedentes sobre religión y filosofía chinas, dando particular importancia al budismo y al taoísmo. Se introducirán conceptos básicos como el Tao, el yin y el yang, el chi, los cinco elementos, el ba-gua del I Ching y preceptos fundamentales del budismo. A continuación de cada uno de los conceptos básicos se dará un breve resumen de los diferentes modos posibles de poder aplicarlo en todas las áreas de nuestras vidas según la filosofía práctica de Lin Yun sobre el color. En los capítulos del 4 al 9 de este mismo libro se encontrarán explicaciones más exhaustivas de las aplicaciones y la manera en que éstas representan las ideas filosóficas básicas.

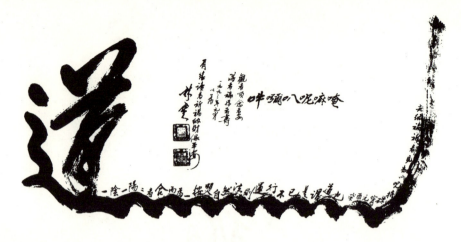

El carácter "Tao" yace por debajo de la frase:
"Un yin y un yang juntos crean una entidad que sigue las leyes
de la naturaleza y cambia continuamente."

■■■

• *El Tao* •

La teoría taoísta del yin y el yang, que saca a la luz la paradoja, es de utilidad para comprender las ideas de Lin Yun sobre el efecto del color en el ser humano y, a un nivel más profundo, la correspondencia entre el color y el vacío. El Tao puede traducirse literalmente como "la manera". Los chinos tienen un dicho: "Todo se corresponde con el Tao". El Tao es la manera natural, la manera del universo. Este concepto surgió en la vida rural de los antiguos chinos y sus técnicas de identificación con la naturaleza y la dependencia con respecto a ella. La idea estaba dirigida a que los humanos observaran los patrones y armonía de la naturaleza. En realidad, los antiguos chinos veían la vida y el destino como parte del tejido universal de la naturaleza. El Tao es visto como la vastedad del tiempo y el espacio, pero también como un vacío, un bloque en bruto. Según escribió Lao-tzu, un filósofo del siglo VI a. de C.: "Lo miras, pero no ves nada; su nombre no tiene forma... es continuo, incesante e innominable, se revierte a la nada". *

---

* William Theodore De Bary, ed., *Sources of Chinese Tradition* (Nueva York y Londres: Columbia University Press, 1970), vol. 1, pág. 53-54.

El Tao es la fuente de toda la existencia. El Tao es la unidad que resuelve todas las contradicciones y las distinciones. El Tao, por último, también es una filosofía que ayuda a los seres humanos a trascender lo mundano. Lin Yun explica la paradójica yuxtaposición y unidad del vacío y la sustancia del Tao trazando una analogía: "Miramos el cielo y vemos vacío, pero si miramos a través de un telescopio se nos revelan otras cosas: la luna y las estrellas." De la nada surge la existencia de algo.

El Tao mantiene una dualidad primaria: el concepto del yin y el yang, los opuestos complementarios que surgen del Tao y se encuentran armoniosamente unidos a éste. Cuando se comprenden estos conceptos se es capaz de captar el concepto dinámico del equilibrio que imbuye todas las cosas de origen chino y la teoría del color de Lin Yun.

• *El yin y el yang* •

El yin y el yang son las fuerzas primordiales que gobiernan el universo y constituyen todos los aspectos de la vida y la materia. El Yin es oscuro, mientras que el yang es luminoso. El yin es femenino, el yang es masculino. El yin es pasivo, el yang es activo. Juntos, el yin y el yang crean un todo armonioso: el Tao. Son dependientes entre sí: sin el frío, el concepto del calor no existe; sin un afuera, no hay un adentro: sin vida, no existe la muerte. Estos opuestos existen dentro de cada uno: dentro de lo masculino, hay un poco del femenino, y viceversa. A través de los opuestos complementarios del yin y el yang, los chinos unen al hombre con el cielo y la tierra. Según Lin Yun, el Tao une a los seres humanos con su entorno de la siguiente manera: "El Tao y el universo son el vacío; no obstante, están llenos. Llenos de la atmósfera, el sol, la luna y las estrellas. Del espacio surge el cielo (yang) y la tierra (yin). Dentro de los confines de la tierra existen las montañas y planicies (yin) y los ríos y cauces de agua (yang). En las montañas y planicies viven personas (yang) que construyen viviendas (yin). Dentro de las casas viven hombres (yang) y mujeres (yin), y éstas tienen un exterior (yang) y un interior (yin)".

*El yin y el yang: El yin y el yang son opuestos complementarios.
El yin es oscuro, receptivo y femenino. El yang es luminoso, activo y masculino.
Juntos forman una unidad: el Tao.*

■ ■ ■

Así podemos comprender la importancia del yin y el yang para la teoría china del color. De la misma manera en que un yin y un yang crean la unidad del Tao, un color y un vacío crean un universo. Ya que para reconocer la existencia de una forma (un objeto) cualquiera, ésta debe poseer un color. Todas las cosas provienen del vacío del universo.

Manteniendo la visión taoísta del universo, ¿cómo conocemos estas cosas, cómo diferenciamos la nada de la existencia de algo? La diferencia, en el nivel primordial, es el color; o para decirlo de otro modo, no existe diferencia. Como dicen los sabios: "No existe el color, no existe el vacío". Este sentido de unidad es considerado el pensamiento más elevado.

• *El chi* •

El chi es la clave para comprender el significado del color en nuestras vidas, según los chinos. El chi, cuya traducción literal es "hálito" o "vitalidad", es un principio unificador de energía. El chi circula en la Tierra creando montañas —su color y forma—, dirigiendo ríos y arroyos y nutriendo árboles y cultivos. El chi también es la energía que mueve nuestros cuerpos. El chi atmosférico ayuda a moldear el chi humano. El chi comprende el chi del ejercicio chi kung, el chi de la meditación china, el chi espiritual, el chi médico, el chi artístico. El chi es la identidad real. El chi es la entidad dentro de nosotros que nos permite ser reconocibles diez años más tarde, aunque las células de nuestro cuerpo se hayan regenerado varias veces.

Todos los seres humanos son sólo un aliento del chi. Este chi fluye a través de nuestros cuerpos para que podamos desplazarnos. Nos estimula el cerebro para que podamos pensar. Nos mueve la lengua para que podamos hablar. Fluye hasta nuestras manos para que escribamos o tomemos las cosas y hasta nuestros pies para que caminemos o corramos. El chi debe fluir suavemente por todo el cuerpo. Si es muy débil no puede moverse. Si el chi fluye sólo hacia el costado izquierdo del cuerpo, el lado derecho se paralizará. Si fluye sólo hacia la parte superior de nuestro cuerpo, las piernas se paralizarán. Si el chi no logra llegar al corazón, entonces morimos. Como dice Lin Yun: "Si el chi no puede mover el cuerpo, no importa cuán hermosos seamos, el poder o la riqueza que hayamos acumulado, cuán importantes o afortunados nos sintamos... sin el chi expiraremos: todo lo demás es vacío. Somos apenas un cascarón vacío. El cuerpo es un saco de piel y huesos". Dentro del cuerpo de una persona, la esencia del chi nunca cambia, pero puede alterarse su estado preciso. Algunas veces el estado de nuestro chi es bueno, otras es malo, pero siempre es el mismo chi, la misma individualidad básica.

El chi es el aliento cósmico o energía de todos los seres, la tierra y la atmósfera. Comprender el efecto del color sobre el chi humano es crucial para usar las ideas expuestas en este libro.

■■■

Existen tantas manifestaciones del chi humano como personas en el mundo. Algunas personas poseen un chi que circula por el cuerpo, en corriente ascendente hasta la cabeza, creando un halo. Éste es el mejor estado del chi, se llama "chi supremo". Los seres humanos santos y evolucionados, como Buda, Cristo y los santos, poseen un chi supremo. Debido a que no todos podemos ser perfectos, existen muchos estados del chi: "chi ahogado", "chi bambú", "chi puerco espín". En el capítulo 9 se detallan estos estados del chi y los métodos para equilibrarlos. Existen muchas formas de mejorar nuestro chi individual y una de ellas es aplicar el color. Dentro de esta aplicación del color, el concepto de los cinco elementos resulta crucial.

• Los cinco elementos •

El concepto de los cinco elementos es una herramienta mística que puede utilizarse para analizar, armonizar y mejorar el chi. Este concepto también es fundamental para comprender las ideas de Lin Yun para favorecer todas las esferas de la vida: la vestimenta, los automóviles, los interiores y exteriores, la salud y los alimentos.

Del juego de relación entre el yin y el yang surgen cinco manifestaciones del chi: el fuego, la tierra, la madera, el metal y el agua. Estos cinco elementos no son sustancias físicas sino poderes o esencias que describen toda la materia y todos los atributos. Los chinos asignan a estos elementos colores, estaciones, direcciones y órganos internos. Por ejemplo, el elemento del fuego está asociado con el rojo, el verano, el sur y el corazón. La tierra, que se ubica en el centro, representa el amarillo, el naranja o marrón, la mitad del otoño y el bazo y el páncreas. La madera se relaciona con el verde, la primavera, el este y el hígado. El metal es blanco, el otoño y los pulmones y la vesícula. El agua es negra (cuanto más profunda sea el agua, más oscuridad adquiere), el invierno, el norte y los riñones.

Los cinco elementos tienen efectos relativos entre sí, creándose y destruyéndose unos a otros en una secuencia definida. El ciclo de creación de los cinco elementos procede de la siguiente manera: el fuego produce la tierra (cenizas). La tierra crea el metal (minerales). El metal produce el agua (si bien el agua oxida el metal, esta parte de la secuencia creadora deriva de la observación de que el agua fría dentro de un recipiente de metal forma agua en la parte exterior del recipiente). El agua cultiva la madera (los árboles necesitan agua para crecer) y la madera alimenta el fuego.

El ciclo destructivo de los cinco elementos es como sigue: la madera remueve la tierra; la tierra obstruye el agua; el agua extingue el fuego; el fuego derrite el metal; y el metal corta la madera. La esencia de esta secuencia no es negativa en todo sentido. De hecho, esta serie de relaciones mutuamente destructivas o vigorizadoras connota el reciclado permanente.

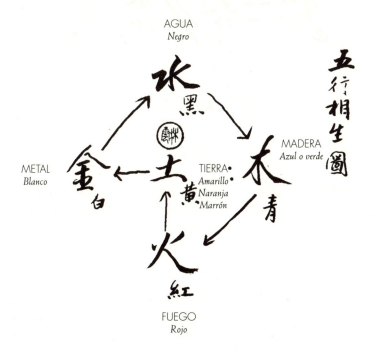

LOS CINCO ELEMENTOS DEL CICLO CREATIVO

El ciclo creativo procede de esta manera:
El fuego produce la tierra (cenizas), la tierra crea el metal (minerales), el metal produce el agua (cuando hay agua fría en un recipiente de metal, se condensa agua en la parte externa), el agua cultiva la madera (los árboles necesitan agua para crecer), y la madera alimenta el fuego.

■ ■ ■

LOS CINCO ELEMENTOS DEL CICLO DESTRUCTIVO

La cadena de destrucción es: la madera remueve la tierra, la tierra obstruye el agua, el agua extingue el fuego, el fuego derrite el metal y el metal corta la madera. La esencia de esta secuencia no es negativa en todo sentido. Por el contrario, estas relaciones mutuamente destructivas y vigorizadoras connotan el reciclado eterno.

■ ■ ■

La teoría del color de los cinco elementos es una herramienta mística con muchos usos. Los chinos aplican los cinco elementos cuando definen el chi de una persona, cuando determinan el destino de una persona (leyendo las palmas y el rostro) y para favorecer y cultivar el chi humano. Este cultivo puede lograrse a través de la elección de los colores y las secuencias de colores de nuestra vestimenta y entorno (feng shui).

La teoría de los cinco elementos puede aplicarse al color de varias formas. Los cinco elementos pueden relacionarse con las ocho fortunas del *I Ching* (véase más adelante) para mejorar un área específica de la vida de una persona usando el color en una zona estratégica de un cuarto. La teoría del color de los cinco elementos también puede emplearse para curar dolencias físicas y desequilibrios emocionales usando la teoría del color en la ropa, alimentos y pensamientos. Por otra parte, un diagrama de colores únicamente basado en estos ciclos puede ofrecer formas inusuales de mejorar el chi de una persona, a través de secuencias de colores en la vestimenta y la edificación.

• *El I Ching* •

El *I Ching* resulta integral en la aplicación de la teoría del color de los cinco elementos en un lote de tierra, un edificio o el cuerpo humano. Considerado la "madre del pensamiento chino", el *I Ching* surgió a partir de la adivinación primitiva. Instruyó a emperadores y sus consejeros sobre importantes decisiones, tales como librar batalla o evitarla, o hacer avanzar o retroceder a un ejército. El *I Ching* guió a sacerdotes y sabios taoístas en la realización de sacrificios y consagraciones y ayudó a determinar momentos especialmente auspiciosos para la caza y la pesca, o el sembrado y la cosecha. Impartiendo sabiduría y adivinación al mismo tiempo, los hexagramas del *I Ching* auguran fortuna y dan información sobre la acción natural del universo y su ciclo de cambio constante. El *I Ching* une el destino humano con la modalidad de la naturaleza, el flujo y reflujo del yin y el yang.

De hecho, el yin, representado por una línea interrumpida – – , y el yang, representado por una línea consolidada ———, son las piedras fundamentales que componen el *I Ching*. Estas líneas del yin y el yang se combinan en ocho diferentes trigramas, o sistemas de tres líneas, que representan el cielo, la tierra, el trueno, la montaña, el fuego, el viento, el lago y el agua. Los ocho trigramas, a su vez, se combinan nuevamente en sesenta y cuatro hexagramas, que expresan las maneras primordiales en que opera el Tao y su constante cambio cíclico. Estos trigramas y hexagramas han sido percibidos desde tiempos remotos arrojando bloques de madera, palitos de milenrama y monedas.

Con el paso del tiempo, los ocho trigramas adquirieron otros significados. Podían aplicarse a puntos cardinales, estaciones, relaciones familiares, partes de la palma (quiromancia), rostro (fisiognomía) y al cuerpo (medicina mística), y hasta a partes de las casas, cuartos y mobiliario (feng shui), para no mencionar el color. Los trigramas también simbolizan ocho áreas de fortuna, ordenadas desde la riqueza y el matrimonio a la carrera y la fama. Los ocho trigramas en combinación con los cinco elementos crean un octágono místico (ba-gua) de correlaciones simbólicas. Este ba-gua puede ser utilizado como un mapa de cómo el color puede mejorar la salud, la suerte personal y el entorno físico. Por ejemplo, el riñón se asocia con el elemento agua, que tiene su color correspondiente: el negro. Una persona con problemas de riñón, en el curso de un régimen médico adecuado, puede acompañar el proceso de curación comiendo alimentos de colores oscuros. Con la aplicación del ba-gua en una oficina, una flor roja en el área de la "fama" puede contribuir a asegurar una promoción. Mientras que el ba-gua del feng shui tradicional se apoya en distinguir las direcciones cardinales, el desarrollado por Lin Yun parte de la ubicación de la puerta y luego orienta el octágono de la manera correcta.

El I Ching:
El I Ching es un texto místico antiguo de adivinación. Como "madre del pensamiento chino" ofrece guía espiritual y adivinación.

■■■

•El budismo: El color es el vacío, el vacío es el color•

Las aplicaciones prácticas de la teoría del color de Lin Yun se relacionan en un nivel profundo con los preceptos básicos del Budismo Tántrico de la secta Negra (BTB): los conceptos del karma, el nirvana, el vacío y la compasión, todos los cuales se amplían por medio de la práctica de la meditación. El BTB es una forma ecléctica del budismo que incorpora doctrinas y prácticas de la India, el Tíbet y China. Del budismo hindú, el BTB extrae el concepto del karma, la cadena causativa. El inevitable proceso kármico de la vida, muerte y renacimiento (reencarnación) es considerado un fenómeno doloroso. El deseo humano y el apego a este mundo crean sufrimiento, continuando el ciclo del renacimiento. Sólo aceptando el conocimiento de que la vida y la materia son ilusorias, un individuo puede alcanzar un estado de iluminación. El estado superior de iluminación es el nirvana, el fin de todo deseo, el escape del ciclo de la existencia, la trascendencia final: el vacío.

El ba-gua:
El ba-gua de los cinco elementos es una herramienta crucial del BTB para el uso específico del color en todos los aspectos de la vida. Obsérvense los ocho trigramas que rodean el símbolo del yin y el yang.

Las sucesivas vidas se encuentran unidas a la anterior a través del karma. Para los budistas chinos, el destino del ser humano está determinado por las buenas y malas acciones desarrolladas durante las vidas presente y pasadas. Las buenas acciones, la abstinencia y la compasión son consideradas importantes para alcanzar la iluminación.

A medida que fue desarrollándose y trasladándose el budismo hacia China, surgió el concepto de bodhisattvas o "existencias iluminadas", creando un panteón de dioses populares. Se consideraba que estas deidades habían desarrollado un acto de autosacrificio retrasando su propia llegada al nirvana para ayudar a otras criaturas inferiores a mejorar su carga kármica y llegar así a la salvación. Podía venerarse a los bodhisattvas según la especial cualidad que tuviera su benevolencia, fuera ésta la medicina, la piedad o la fertilidad. Entre los bodhisattvas chinos más populares se encuentra Kuan Yin, la reina de la piedad, conocida por su compasión.

La meditación llegó a China desde India. Se trata de un medio fundamental para alcanzar un estado superior del ser: la compasión, la falta de egoísmo y el conocimiento supremo. A través de la meditación se puede emular a Buda y alcanzar el estado Buda. Las enseñanzas del Buda, que vivió en el siglo V a. de C., fueron en origen una tradición oral. Alrededor del siglo I a. de C. se registraron sus enseñanzas. Entre los textos budistas existe una serie de sutras o doctrinas. El profesor Lin Yun ha recibido la influencia particular del sutra del corazón, de donde extrae la frase "El color es el vacío, el vacío es el color", el tema subyacente de sus teorías y de este libro.

LOS TRES CONCEPTOS BÁSICOS DEL COLOR SEGÚN LIN YUN

El lector hallará tres conceptos y sistemas que se repiten una y otra vez en los capítulos de El arte de vivir el color: *"La teoría del color de los cinco elementos", "Los seis colores verdaderos" y "El espectro de siete colores".*

PRIMER CONCEPTO CLAVE
LA TEORÍA DEL COLOR DE LOS CINCO ELEMENTOS

El más importante de los conceptos clave de Lin Yun es la teoría del color de los cinco elementos, que ofrece tanto curas "estáticas" como "cíclicas".
Los colores de los cinco elementos son una secuencia ordenada de colores basada en los elementos naturales, que pueden generarse o destruirse unos a

otros. Este conjunto de secuencias de colores resulta de utilidad al elegir colores para la vestimenta cuando la intención es "vestirse para tener éxito" o al pintar el interior o exterior de una casa. Los colores de los cinco elementos son esenciales en el feng shui, la medicina china, la quiromancia y la lectura de del rostro. El ba-gua de cinco elementos (refiérase al dibujo que se encuentra a continuación y a la lámina en colores) también resulta fundamental en todo El arte de vivir el color.

Cuando los colores de los cinco elementos se superponen al ba-gua del I-Ching, el resultado es un octágono: el ba-gua de los cinco elementos. El octágono es un mapa de ocho ámbitos de fortuna de la vida con los correspondientes colores, partes del cuerpo y direcciones cardinales.

La novena dirección, el centro, se asocia con el elemento tierra, el color amarillo y todas las partes del cuerpo que no tienen trigramas correspondientes. El ba-gua de los cinco elementos tiene aplicaciones infinitas, pero el concepto básico siempre es el mismo: superponer el octágono en un cuarto, un patio, un cuerpo, un rostro o una palma.

Es posible mejorar la fortuna aplicando un color apropiado en la ubicación correcta. Además, el color básico de cada área del octágono tiene colores complementarios correspondientes. Estos colores tienen una relación positiva con el color básico y ambos crean y son creados mutuamente, según la secuencia de los cinco elementos.

El concepto budista de vacío tiene muchos niveles. Uno de ellos se refiere a la transitoriedad de las cosas, la cercanía entre ser y no ser, la vida y la muerte. Una vez aceptada la transitoriedad, se llega a otro nivel del vacío: el vacío de la sabiduría trascendental, la comprensión de que la realidad misma es el vacío, no se puede asir. El concepto budista de vacío también concuerda perfectamente con la filosofía china taoísta. Los taoístas relacionan el "gran vacío" o "bloque en bruto" de la esencia final (*wu chi*) con el universo (*yu zhou*). El wu chi representa la nada y no puede medirse en peso o tamaño. No tiene ni principio ni fin. El yu zhou es todo y puede ser definido por el espacio y el tiempo.

La frase budista "El color es el vacío, el vacío es el color" une el universo y la vida humana al gran vacío o nirvana. Se trata de un mantra, diez palabras a través de las cuales la vida humana puede desprenderse de las trabas de las vanidades, deseos, necesidades y apegos mundanos. "El vacío es el color" también connota los aspectos misteriosos ocultos que gobiernan nuestras vidas. Estas fuerzas invisibles se relacionan tanto con conceptos metafísicos, tales como el Tao, el yin y el yang, o el chi, como con las cualidades o poderes por descubrirse en el universo y más allá de éste. Las mencionadas fuerzas o entidades pueden existir, pero no es posible verlas, o quizás aún debamos encontrarlas. El Tao o el chi pueden no ser vistos y no obstante determinan y moldean la realidad visible.

• Los seis colores verdaderos: blanco, rojo, amarillo, verde, azul, negro •

En orden, estos seis colores representan una figura sagrada –un dios o el Buda– y se considera que convocan un mayor poder espiritual. Cada uno de los colores se relaciona con un sonido de las seis sílabas budistas verdaderas *Om mani padme hum* y, al ser usadas por separado, pueden evocar ese sonido. Según el BTB, las raíces filosóficas de los seis colores verdaderos vuelven a la dualidad del vacío y la sustancia como extremos opuestos de la misma cosa. El color inicial de la secuencia, el blanco, representa un inicio (yang). El negro simboliza el fin (yin). "Cuando se agregan todos los colores que intervienen en la secuencia, simbolizando todas las cosas del universo, la suma es el negro", explica Lin Yun. "El blanco, por lo tanto, representa una pizarra en blanco, y el negro representa todo lo que hay en el universo. El blanco es como un papel en blanco. Cuando se escribe con caracteres negros, el blanco se vuelve más evidente en contraste con el negro. Sin el negro el blanco no es nada. En el nivel de significado más profundo, existe un ciclo continuo: el blanco ayuda a crear el negro, del cual nace el blanco."

• El espectro de los siete colores •

El espectro de los siete colores se relaciona con los siete colores del arco iris. El color es una manifestación de luz y energía. Al refractarse en el cielo o a través de un prisma, la luz crea una secuencia de rojo, naranja, amarillo, verde, azul, índigo y púrpura. También debe notarse aquí que la luz –la fuente de la secuencia de siete colores– puede ser utilizada como cura de algunos problemas de diseño expuestos en los capítulos referidos al feng shui.

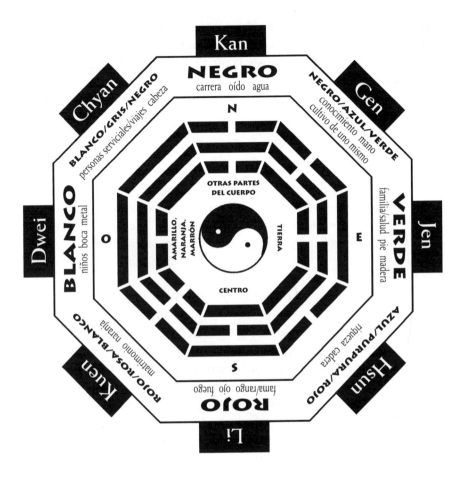

El espectro de siete colores puede emplearse de muchas otras maneras. Si una persona tiene una notoria mala suerte, puede mejorar ésta y su chi recurriendo a un atuendo personal que incluya los siete colores. Colgando un cristal de una ventana que mire hacia el oeste puede transformar una molesta tarde calurosa en un maravilloso despliegue de colores que llenarán el espacio con un chi positivo. Los siete colores también pueden ser parte de una cura mística: la línea de colores que va del cielo a la tierra. En este caso, puede dibujarse una línea o puede adherirse una cuerda sobre la pared de una casa con la siguiente secuencia de colores, empezando desde el piso hacia el cielo raso: rojo, naranja, amarillo, verde, azul, índigo y púrpura. Este método se usa junto con el ba-gua –ubicado en la posición de la riqueza, aumentará las finanzas– o en cualquier área de una casa o negocio con el fin de mejorar la suerte. Los siete colores también aparecen en las meditaciones budistas, tales como la meditación del cuerpo del arco iris y la meditación de la desaparición del cuerpo del arco iris de cristal.

El segundo concepto clave
Los seis colores verdaderos

Los seis colores verdaderos corresponden a una secuencia cíclica recurrente que comienza con el blanco y continúa al rojo, amarillo, verde y azul, para terminar en el negro, y volver a continuar nuevamente con el blanco.
Se considera que esta secuencia es una disposición de colores de poder espiritual y se utiliza primordialmente en meditaciones y bendiciones.

• Las curas sying y yi •

El arte de vivir el color opera en dos niveles: el *sying* y el *yi*. El sying abarca lo subjetivo: la manera en que respondemos emocionalmente, intelectualmente y físicamente al color. Su traducción literal es "forma" o "aspecto" y registra el modo en que los colores de los factores externos manipulan el chi humano. Como dice Lin Yu: "Que un color sea bueno puede depender de nuestro humor del día. Si elegimos un color que armonice con nuestro chi, floreceremos. Si el color choca con nuestro humor, ese color nos irritará. Esta teoría proviene de la cultura china, pero puede aplicarse a otras culturas y tradiciones".

El sying también hace referencia al modo en que los colores nos evocan diferentes reacciones. Algunos colores excitan, mientras que otros aportan una sensación de esperanza. Estas reacciones pueden crearse a través de asociaciones. El verde puede simbolizar la primavera y la esperanza, mientras que el marrón oscuro –un color invernal– nos recordará la hibernación. El sying se desarrolla al tratar temas de feng shui (exteriores e interiores), vestimenta, transporte, alimentación (apetito) y salud.

El yi, que se traduce como "deseo" o "propósito", tiene la misma importancia, si no más. El yi incluye formas más rituales, aunque sutiles, de regular y aumentar el chi de terrenos, construcciones y personas. Como bendición, que puede ser tanto visual como visualizada, el yi abarca una serie de curas y prácticas que van desde simples rituales a sistemas místicos completos. Estas bendiciones reflejan la intención de cada practicante de sobrepasar las barreras hacia el éxito, de curar una dolencia física, compensar neurosis, profundizar la comprensión y la toma de conciencia y llevar una vida más feliz, con más salud y más positiva. El yi abarca todo lo que es posible cuando sale a la luz el poder de la voluntad de creer. El yi ofrece fórmulas de colores para cultivar el chi, elevar la espiritualidad y, por fin, transformar la energía negativa en positiva, la mala suerte –o karma– en buena.

Entre las curas "yi" se encuentran los tres conceptos básicos del color de Lin Yun: la teoría del color de los cinco elementos (que incluye el ciclo creativo y el destructivo, así como el ba-gua de los cinco elementos), los seis colores verdaderos y el espectro de los siete colores. Estos conceptos se repiten una y otra vez en los diferentes capítulos y aparecen recalcados en las viñetas junto a este texto. Agrego además que los conceptos pueden ser aplicados de una manera estática o cíclica.

Tercer concepto clave
El espectro de los siete colores

El espectro de los siete colores se refiere al arco iris, un símbolo del poder y la belleza de la naturaleza. La aplicación de esta secuencia –rojo, naranja, amarillo, verde, azul, índigo y púrpura– abarca desde la elección de la vestimenta hasta las curas místicas del feng shui y las meditaciones de profundidad espiritual.

Curas estáticas

Las curas estáticas hacen referencia a la mera presencia de uno o la totalidad de los colores de los cinco elementos. Por ejemplo, el estudio de un abogado puede estar decorado de rojo amarronado –simbolizando el elemento fuego– para atraer disputas. El mismo abogado podría llevar una corbata o un traje marrón. En otro caso, una persona que desea vender algo se pondrá los cinco colores para atraer el chi del cliente. De hecho, la presencia de los colores de los cinco elementos en una construcción, un cuarto, un arreglo personal, y hasta en la presentación de los alimentos, puede regular el chi logrando mayor equilibrio y armonía.

Curas cíclicas

El aspecto cíclico de los colores de los cinco elementos se vale de dos secuencias dinámicas: el ciclo creativo de los cinco elementos y el ciclo destructivo de los cinco elementos (página 37). Estos ciclos son formas místicas de producir un salto o comienzo en nuestro chi, que pueden emplearse en todas las áreas de la vida –los colores en el hogar, las oficinas, la vestimenta, la comida, y aun del automóvil– y en armonizar la personalidad y el chi.

Las categorías "estática" y "cíclica" también son pertinentes a los otros dos conceptos clave –los seis colores verdaderos y el espectro de los siete colores– que son menos tomados en cuenta en este libro.

Si bien el BTB emplea tanto el enfoque sying como el yi, acentúa especialmente el yi y el impacto que tiene la intención de un individuo en un espacio determinado, el bienestar de una persona o un emprendimiento. El yi es una forma de curación de fe, un método de activar el subconsciente para acentuar positivamente nuestras intenciones.

Para obtener maestría en el yi, sin embargo, hacen falta muchos años de práctica y meditación. Es improbable que baste con sólo leer acerca de estas curas trascendentales, sobre todo en las aplicaciones más esotéricas y místicas. Debido a que la información mística debe ser transmitida oralmente por un maestro especializado en ese arte, las curas de yi en este libro carecen de un elemento vital: el aspecto de activación de la transmisión oral. No obstante, la información trasmite al lector el sentido de la profundidad y alcance del efecto que el color tiene en los seres humanos.

Capítulo tres:

EL COLOR EN LA CHINA:
RAÍCES HISTÓRICAS Y CULTURALES
DE LA TEORÍA DEL COLOR DE LIN YUN

L as raíces de la teoría del color de los chinos se remontan a los inicios de la civilización y cultura chinas, cuando las fuerzas de la naturaleza jugaban un papel central y penetrante en la sustentación de las bases mismas de la vida. La ciencia, la religión y el arte recibían la información de una serie de observaciones compartidas de la naturaleza; y las creencias y normas resultantes derivaban de estas observaciones. Muchas surgieron miles de años atrás cuando los chinos se establecieron en los valles de los ríos Amarillo y Wi. Durante los tiempos agrarios, los granjeros que luchaban para sobrevivir en una tierra vasta solían ser víctimas y algunas veces beneficiarios de los caprichos y ciclos de las fuerzas del cielo y la tierra —luz solar, vientos, lluvias— que traían inundaciones o sequías, campos fértiles o yermos.

El cielo, la tierra y el hombre

Desde el último granjero hasta el emperador, los chinos sentían que las fuerzas de la naturaleza determinaban su bienestar y suerte. El cielo y la tierra parecían jugar un papel tan activo en los destinos de la humanidad que se asignaba a ambos características humanas y animistas. Una montaña, por ejemplo, podía ser vista como un dragón de la tierra, con sus contornos elevándose como brazos y piernas y sus arroyos y vertientes subterráneas circulando como venas y arterias. Al estar tan estrechamente unidos el hombre y la naturaleza, perturbar la tierra podía ocasionar desastres en un área y a sus residentes. Las personas tenían una motivación práctica para vivir en armonía con su entorno y, dentro de los paradigmas culturales del momento, el color y sus normas de aplicación práctica eran un parámetro importante.

Los colores jugaban un papel destacado en las costumbres folclóricas, curas y leyendas chinas. En la tierra, el experto en feng shui buscaba un sitio auspicioso para la construcción, identificando una parcela ubicada entre cuatro lomas, que representaban de manera simbólica cuatro coloridas bestias místicas. El lugar ideal para construir una casa, un templo o la tumba de un antepasado era el ubicado entre una tortuga negra hacia el norte, un tigre blanco hacia el oeste, un dragón azul al este y un ave fénix roja al sur. El quinto elemento, la tierra, se encontraba en el centro, donde se levantaba la construcción. Los colores correspondientes a los cinco elementos jugaban un papel decisivo en la orientación de las construcciones. Era mejor orientarlas hacia el este (verde) o el sur (rojo); se evitaba el norte y el oeste. "Cuando hay un tigre blanco sentado hacia la puerta, si no viene la mala suerte, vendrá la calamidad." *

Los colores jugaban un papel en los antiguos rituales agrarios, sin importar si quien los realizaba era el emperador semidivino o un sacerdote local. El emperador hacía sacrificios no sólo dirigidos al cielo y la tierra, sino también al Sol, la Luna, la tierra y la cosecha, para asegurar un buen año. En altares apropiados, sacrificaba bueyes y hacía ofrendas de seda. Cuando rezaba a los astros, el emperador

---

* Clifford H. Plopper, *Chinese Religion Seen Through the Proverbs* (Reedición: Nueva York: Paragon, 1969), pág. 120.

presentaba once ofrendas de seda, siete de las cuales eran blancas, y las otras de color verde, amarillo, rojo y negro.

Los antiguos chinos observaban ansiosamente el cielo buscando augurios de buen tiempo. Se pensaba que los cometas, así como los eclipses solares y lunares, desencadenaban devastaciones sobre las vidas de los hombres. Por ejemplo, un eclipse de Sol –uno de los emblemas imperiales– indicaba que el emperador había perdido virtud y el divino derecho de reinar: el mandato del cielo merecía consideración.

Los colores vistos en el cielo eran tomados como augurios de buena y mala suerte sobre la Tierra. Un arco iris visto en el este traía buen clima, mientras que en el oeste significaba lluvia. Un cielo rojizo por la mañana presagiaba lluvia por la tarde, un cielo rojo al anochecer pronosticaba cielos despejados. Un halo alrededor de la Luna indicaba viento. Hasta los cinco planetas –Marte, Venus, Mercurio, Saturno y Júpiter– simbolizaban los cinco colores de los cinco elementos. (Venus simboliza el metal y el blanco, Marte es el fuego y el rojo.) Cuando estos planetas aparecían de determinados colores, los astrólogos chinos presagiaban el destino de la nación: el blanco y la forma redonda significaban luto y sequía: el rojo significaba disturbios que conducían a un golpe de Estado o acción militar; el verde pronosticaba inundaciones; el negro significaba enfermedad y muerte; el amarillo traía prosperidad. Los chinos también observaban los planetas separadamente. Cuando Mercurio, que corresponde al elemento agua, estaba blanco, habría sequía; cuando Mercurio estaba amarillo, habría cosechas secas y marchitas; el rojo significaba acción militar; el negro, inundaciones y así sucesivamente.

Históricamente, esta correspondencia del color con los cinco elementos ha estado presente en la arquitectura china y en la ornamentación de templos, pagodas y palacios chinos. Los colores servían para imitar simbólicamente en la Tierra la visión que los chinos tenían del orden cósmico y asegurar, de esta manera, la estabilidad, la armonía y la buena fortuna del emperador, su dinastía y la nación entera. Durante la primavera y el otoño –tiempos de siembra y cosecha– el emperador viajaba desde Pekín a ofrecer veneración al altar de la Tierra, que era cubierto con coloridos suelos que representaban los cinco elementos. Se dice que este altar cuadrado tenía el suelo amarillo en el centro, con suelos de color verde azulado, rojo, blanco y negro dispuestos alrededor de aquél con un diseño cuyos detalles se han ido perdiendo con el tiempo.

La importancia del color en el bienestar de China y de todo el universo puede rastrearse hasta la leyenda de un fantástico y heroico personaje, Nu Wa. Nacida en el tercer milenio a. de C. milagrosamente tres meses después de su hermano Fu Hsi, emperador y creador del ba-gua, era poseedora de una serie de identidades: diosa de los mensajeros, hija del espíritu del agua, espíritu de madera y niña caracol, ya que se la describe con cuerpo de caracol o serpiente con cabeza humana.

Se adjudica a Nu Wa haber realizado una serie de proezas. Cuando Fu Hsi llegó a emperador, Nu Wa le aconsejó establecer un código de moralidad prohibiendo los matrimonios intrafamiliares y estipulando normas de compromiso, a través de mensajeros, para servir como base del matrimonio. Al suceder a su hermano en el trono, fue amenazada por un fracasado rebelde que huyó hacia la montaña que soportaba los ocho pilares que sostenían el dosel del cielo. Enfurecido por su derrota, el rebelde sacudió violentamente un pilar que, al caer provocó el derrumbe de una esquina del cielo, creando un agujero negro que produjo fuertes vientos y lluvia. Para reparar el daño, Nu Wa derritió piedras de cinco colores. Luego, a fin de enderezar los cuatro bordes del mundo (que se pensaba tenía forma cuadrada), cortó los pies de la tortuga celeste, una criatura con dotes espirituales de gran fuerza y longevidad. Durante muchos siglos a partir de entonces, se usaron tortugas celestes esculpidas como base de las columnas principales de los edificios imperiales.

Los chinos usaron el color para imbuir poderes sagrados a la capital y el emperador. En Pekín, Tzu Chin Chueng, la "ciudad púrpura prohibida", donde el emperador meditaba acerca del destino del país, manteniendo la paz entre el cielo, la tierra y el hombre, alude a Tzu Wei, la estrella del norte. Para asegurar más aún la permanencia del poder imperial y la buena fortuna para la nación, las construcciones y las particularidades del paisaje en Pekín —pórticos, torres, montañas, lagos— se ubicaban de manera de garantizar el equilibrio de los cinco elementos. La leyenda dice que un plano de la dinastía Ming para la ciudad prohibida tenía forma humana, y contemplaba importantes vestíbulos imperiales en sitios análogos a los cinco órganos vitales.

El amarillo, el color de los techos del palacio imperial, representa la Tierra y el centro, reafirmando la concentración imperial de poder. Allí, en el centro, se sentaba el emperador, de espaldas a los bárbaros del norte, gobernando sobre su vasto reino hacia el sur.

Para orar por buenas cosechas en todo el territorio, el emperador realizaba sacrificios y rituales periódicos en una serie de altares. Estos altares, similares al altar de la Tierra, tenían diferentes colores que correspondían a su propósito y a su naturaleza sagrada. El altar del Sol tenía fachada de ladrillos rojos, el color del yang y del sur. Los elementos usados en los rituales, como recipientes y vestimentas, también eran rojos. El altar de la Luna tenía fachada de color oro y los recipientes e instrumentos rituales eran blancos, del color del metal. El altar del cielo estaba cubierto de azulejos de color azul, como el cielo, donde iban todos los sacrificios quemados.

Históricamente, el color rojo ha tenido gran significación en la China. El rojo, que se considera el color de más felicidad, era el que prevalecía en las bodas, fueran imperiales o comunes. Pu Yi, el último emperador de la China, ofrece esta humorística descripción de su noche de casamiento en sus memorias *From Emperor to Citizen*: "Todo era rojo: cortinas rojas en la cama, almohadas rojas, un traje rojo, una falda roja, flores rojas... y rostro rojo". *

Debido a este auspicioso simbolismo, el rojo se encuentra presente en muchas ceremonias chinas, algunas de las cuales datan de miles de años. Por ejemplo, en el Chou Li, un texto chino antiguo sobre arquitectura, cuando se colocaba o reparaba la viga superior de un techo no sólo había que hacer estallar triquitraques –para ahuyentar a los demonios– sino que había que poner una pieza de género rojo para atraer la felicidad y un cedazo de maíz para atraer las buenas cosechas.

Hasta la fecha, en Asia y en los barrios chinos occidentales, los emblemas y pedidos de suerte se escriben en papel rojo y se pegan en las puertas y las novias en una boda china tradicional se engalanan de rojo.

• *El color en el arte chino* •

Gran parte de la teoría china del color puede captarse observando el arte chino. Mientras que los colores vívidos y cambiantes de la naturaleza en parques y jardines afectan a nuestros corazones, mentes y almas, los colores expresados en el arte también pueden

---

* *From Emperor to Citizen*, Pu Yi (Pekín: 1964), pág. 121.

afectarnos o evocarnos cosas. De hecho, el color era uno de los "seis puntos esenciales" de la pintura china, según se describe en el *Mustard Seed Garden Manual of Painting*.

Las pinturas chinas fueron consideradas con frecuencia como microcosmos visuales y filosóficos de la naturaleza y el universo. Durante siglos, los pintores chinos buscaron desarrollar su propio chi para poder expresar y transportar el chi del Tao y la armonía y vitalidad de la naturaleza a sus obras. Algunos pintores representaron tan bien la fuerza de la vida de montañas y ríos que un experto en arte comentó: "Las personas en la actualidad disfrutan mirando pinturas de paisajes tanto como el paisaje mismo". Agregó que las telas eran perfectas para los que no podían viajar, ya que con un simple movimiento de cintura podían ver desplegados paisajes enteros. La unión entre la naturaleza y el arte es tan fuerte que el término chino para paisaje, *shan-shui* se traduce como "agua de montaña".

En el *Mustard Seed Garden Manual of Painting*, Lu Chai describe la esencia viva del color en la pintura china:

> El cielo tiene nubes, que brillan como el brocado;
> Ésa es la clave del color del cielo.
> La tierra aporta el pasto y los árboles, todos toques ornamentales que contribuyen;
> Ésa es la clave del color de la tierra.
> Las personas tienen ojos y cejas, labios y dientes, acentos claramente definidos de negro, rojo y blanco en partes específicas del rostro;
> Ésa es la clave del color de los seres humanos... *

Los chinos pintaban sus paisajes en sus acuarelas de tintas monocromáticas o una paleta multicolor. En las pinturas de colores, los artistas respetaban normas precisas de aplicación del color. Se empleaba una cantidad de polvos de colores como pigmentos, muchos de los cuales eran idénticos a los aplicados en distintas curas de feng shui para dolencias físicas y psicológicas (véase capítulo 10). El cinabrio rojo (*ju-sha*) se usaba sólo en pintura figurativa y nunca en paisajes. El ocre amarillo era considerado apropiado para formas mon-

---

* *Mustard Seed Garden Manual of Painting*, de Mai-mai Sze, traducido y editado por Princeton University Press, Bolingen Series, 1963. Princeton, N.J., pág. 34

tañosas y caminos a través de pastos altos en otoño, pero se empleaba el rejalgar rojo anaranjado (*syong-huang* o amarillo "gallo") para pintar hojas amarillas o vestimenta. El rejalgar también era una medicina china que se pensaba que promovía la longevidad y la buena salud. Las tinturas coloreadas logradas de los minerales de la tierra y de sustancias vegetales mezcladas con agua o pegamento se usaban frecuentemente para resaltar el efecto especial de una pintura.

Si bien la pintura con color era un arte en China, los monocromos eran considerados un arte más elevado. Usando gradaciones de tinturas, acuarelas y pinceladas unidas por espacios vacíos, la pintura monocromática china puede conjurar un universo de montañas escarpadas por encima del tejado de una ermita, o una cascada que cae a filo dentro de la bruma para reaparecer como un suave arroyo que está siendo vadeado por un pescador.

Refinadas técnicas de pincel administradas a partir del chi, el talento y la inspiración del artista que fluyen a través del cuerpo, el brazo y el pincel, aparecen sobre la tela creando una tensión dinámica entre la materia y el vacío: la última expresión del Tao. Este equilibrio de pinceladas y acuarelas fusiona los opuestos, la materia y el vacío, para expresar una imagen creativa. Los principios de la pintura china son profundos en el sentido que se basan primordialmente en el Tao, con la energía y vitalidad del chi y la unidad y armonía de los opuestos complementarios: el yin y el yang. Cada pincelada expresa la naturaleza del chi del artista y la de su temática.

Por coincidencia o diseño, entonces, los monocromos chinos, con su armonía de vacíos y formas, son expresiones del sutra del corazón: "El color es el vacío, el vacío es el color". Y los vacíos, especialmente obtenidos por acuarelas o en áreas de superficie pintadas, expresan la vastedad de la naturaleza mejor que cualquier imagen realista de montañas y arroyos. Estos vacíos parecen imbuidos de chi.

De la misma manera, los chinos sentían que la tinta y la sutil gradación de tonalidades, desde el blanco puro al negro, podían expresar sutilezas de tono con más éxito que el color. Como dijo un experto: "Si se tiene tinta, se tienen cinco colores". * Los pintores chinos usaban la tinta en formas diferentes para crear una sensación variada de profundidad: tinta oscura para crear formas sólidas, tintas más cla-

---

* *Principles of Chinese Painting*, de George Rowley (Princeton, N.J.: Princeton University Press, 1959), pág. 46.

ras para implicar distancia y acuarelas para crear brumas que sugerían vacío para separar el primer plano del plano medio y el medio del plano de fondo. Estas brumas actuaban como velos misteriosos que evocaban una sensación de carencia de límite, el universo y el gran vacío del Tao. Las brumas ayudaban visualmente a pasar de lo finito a lo infinito. El acto de pintar y el de observar la pintura eran actividades sublimes que unían al artista y al observador a la naturaleza espiritual de la existencia y la no existencia. Los pintores chinos a menudo expresaban y reforzaban el tono contemplativo de una pintura con la escritura de un poema sobre la tela o papel.

Desde la perspectiva del arte chino, el negro es hermoso. Tanto cuando se lo usa en un paisaje monocromático como en un estudio floral o una caligrafía, el negro refuerza la naturaleza contemplativa de la observación del arte. El negro permite al observador pensar profundamente, haciendo entrar al observador.

En la actualidad, esta teoría de la forma en que nos afecta el color de las pinturas puede aplicarse a otras artes visuales, tales como la televisión, las películas, la animación, la escultura, el teatro y la cerámica.

• Curas místicas del color •

El color desempeñó un papel importante en la medicina china. Los primeros doctores chinos usaban los cinco elementos y los correspondientes órganos físicos y colores para diagnosticar y curar. La salud dependía del equilibrio entre los cinco elementos. (Véase capítulo 7, *Alimentación y salud*.)

El color también era un elemento en las curas folclóricas chinas. Durante siglos se usó el color o los objetos de colores como antídotos místicos a los problemas de la vida, desde dolores de espalda (alcanfor blanco) y robos (pescado rojo y negro) hasta la mala suerte (polvo rojo) y la esterilidad (plantas verdes).

Como componente de la teoría del feng shui de Lin Yun, el color juega un papel importante tanto en determinar el feng shui bueno y malo como en mejorar la suerte de un sitio y, por ende, las vidas de sus residentes. El color, de hecho, es una de las "nueve curas básicas" del feng shui. Aquéllas consisten en: (1) objetos brillantes o refractivos de la luz: espejos, bolas de cristal, luces; (2) sonidos: carillones, campanas: (3) objetos vivos: plantas (naturales o artificiales), bonsai, flores y acuarios o peceras: (4) objetos móviles: móviles, molinos, calesitas, fuentes; (5) objetos pesados: piedras o estatuas, (6) objetos de funcionamiento electrónico: equipos de aire acondicionado, estéreos, televisores: (7) flautas de bambú: (8) colores; (9) otras. Cuando se le pregunta cuáles son las curas más efectivas en nuestras vidas, Lin Yun responde: "Otras," refiriéndose a las curas más místicas. A menudo, las otras curas involucran el color.

La práctica de curas místicas se remonta al siglo III a. de C., cuando los chinos alquimistas empleaban polvos de colores. Algunos buscaban crear el oro puro y otros dar con el elixir de la inmortalidad. Aún en el presente existe una serie de curas místicas en la Secta Negra que se valen de polvos de colores, como el cinabrio o el rejalgar. Estos polvos, que se considera poseen poderes medicinales o químicos, se consiguen en las boticas chinas tradicionales. El rejalgar se usa principalmente para mejorar y fortalecer el chi. El cinabrio suele emplearse para deshacerse del chi malo y de las fuerzas negativas y atraer la buena suerte, como en la *cura del renacimiento del huevo rojo* o la *cura de las pesadillas* (véanse páginas 198-199 para ver ambas). No obstante, suele suceder que los polvos pueden intercambiarse. Si se sustituye uno por otro, quizá se refuerce el resultado de la cura. Los objetivos específicos de las curas místicas del BTB que emplean estos dos polvos son muy amplios, desde alterar la suerte de una casa (véase *Sellado de la puerta*, página 196) hasta transformar la mala suerte de una persona en buena o purificar una sepultura.

Algunas curas utilizan objetos blancos tales como arroz, perlas, semillas de loto, cristales de alcanfor y creta. El arroz blanco es un símbolo de fertilidad y prosperidad –si se arroja en una boda se supone que planta virtualmente la semillas de la felicidad, la buena fortuna y la procreación– y las curas blancas, que usan el alcanfor o la creta, resuelven litigios y alivian dolores de espalda, respectivamente.

El blanco también es un elemento usado en una serie de curas místicas. Según Lin Yun, el blanco es bueno para curar algunos problemas del corazón. El pensamiento racional *chu-shr* que expone es el siguiente: en el diagrama de los cinco elementos, el corazón se asocia con el fuego. Existen dos tipos de problemas cardíacos: uno es físico, el otro es psicológico; provienen de tener muy poco o mucho fuego en el sistema, respectivamente. La dolencia del corazón, incluyendo la presión alta, proviene de tener poco fuego; el malhumor y la furia (que por sí mismos pueden llevar a sufrir problemas de salud relacionados con el corazón) son alimentados por un exceso de fuego. Este exceso puede ser equilibrado por el blanco, el color del metal. "El fuego, el color del corazón, destruye el metal. De manera que si una persona es vituperadora, tiene demasiado rojo, demasiado fuego. Si usamos el blanco en la forma de hielo, el fuego rojo quemará los cubos de hielo hasta que el fuego finalmente cederá." El negro, el color del agua, también equilibra una personalidad de reacciones fogosas, ya que el agua vence el fuego. La enfermedad cardíaca, que proviene de una deficiencia de fuego, puede remediarse con el rojo, el color del fuego, y sus colores mutuamente creativos: el amarillo y el naranja, así como el marrón de la tierra y el verde de la madera. De esta manera, el fuego corporal de una persona es llevado a armonizarse.

La mayoría de las curas verdes se valen de plantas —una de las nueve curas básicas del feng shui— que simbolizan esperanza, primavera y crecimiento. Como resultado, las curas verdes se emplean para mejorar la salud, la riqueza y la fertilidad.

Otras curas místicas usan el naranja o las cáscaras de limón, o cuerdas de colores para convocar los poderes descriptos.

Sobres rojos

Antes de que un experto en feng shui imparta una cura mística o sabiduría sagrada —sea para el hogar, la salud, el cultivo del chi— deben entregarse uno o más sobres de "dinero de la suerte" al experto. Se trata de una antigua costumbre china. En ocasiones especiales, tales como bodas o el año nuevo chino, se intercambia dinero de esta manera. Si uno asiste a una boda china, la familia de la pareja esperará una donación generosa presentada en un sobre rojo. (Algunas veces reciben más de lo que llega a costar la fiesta de celebración.) En el año nuevo chino, los niños y los que sostienen una familia reciben sobres de dinero de la suerte portadores de cantidades variables de dinero.

El ritual de los sobres rojos opera en muchos niveles. Es una forma de expresar los respetos y franqueza hacia el experto. El hecho de tomarse el trabajo de buscar o de hacer un sobre rojo —puede servir cualquier sobre rojo que no haya sido usado— y de presentarlo a quien se sabe que es un experto, nos permite abrir la mente a la posibilidad de que el experto pueda ayudarnos. Además, se supone que los sobres rojos protegen místicamente al experto cuando hace uso de una gran cantidad de conocimiento, sabiduría, inspiración, intuición y juicio para poder ayudar a resolver los problemas o lograr la meta deseada. La cantidad de sobres rojos presentados es determinada por la cantidad de soluciones: desde uno solo a múltiplos de nueve.

• *La meditación* •

Así como el ámbito del color visual era crucial en la vida y la cultura chinas, en las meditaciones existe el ámbito del color visualizado. Algunas veces las imágenes mentales usadas en las prácticas de meditación derivan a figuras religiosas como los Budas y bodisattvas. Estas imágenes y sus colores son visualizadas en estos ejercicios internos para invocar sus cualidades, habilidades y poderes especiales y específicos. Lin Yun alienta a los practicantes a visualizar la deidad de su elección, sea Buda, Jesucristo, Alá, o la que fuere. Otras meditaciones se valen de imágenes o fuerzas naturales, tales como el sol, la luna, el fuego o el arco iris.

La práctica de la meditación budista no es autóctona de China. Se originó en India y llegó a China tanto por la ruta de la seda como por el Tíbet, como parte de una oleada del budismo que avanzó sobre China en el primer milenio a. de C.. La meditación es una forma de elevar la conciencia y trascender la vida mundana. En un nivel espiritual, representa un medio de lograr un estado de entrega, compasión y sabiduría suprema. En un nivel más práctico, las meditaciones se emplean para mejorar la salud física y emocional, para recuperar la propia perspectiva y para enviar bendiciones a nuestros seres queridos. De esta manera, la vida se hace más fácil y el sufrimiento se padece menos. La meditación también es un aspecto del yi. La meditación es un proceso interno para mejorar nuestro chi personal, y limpiar o fortalecer el alma. (Se dan instrucciones para meditaciones específicas en el capítulo 11.)

Cada meditación se vale de un color adecuado para obtener su propósito, y cada color, según Lin Yun, tiene un énfasis diferente. Si se desea ser muy compasivo y salvar a otros del sufrimiento, o escapar del sufrimiento de este mundo, se puede visualizar a Bai Du Mú, la Tara Blanca, o literalmente, la madre de blanco. En esta meditación, se visualiza el propio cuerpo que se va volviendo completamente blanco.

"En diferentes meditaciones", explica Lin Yun, "se usan diferentes colores para lograr efectos diferentes. Si se desea salvar a las personas de los duros problemas de la vida o restaurar la buena salud, use la Lu Du Mu: la meditación de Tara Verde. El verde es el color de la esperanza y de la recuperación. Si se desea elevar la sabiduría espiritual de un individuo o ayudar a un ser querido fallecido a alcanzar el nirvana, visualice el color oro o amarillo: el color del Buda. Si se tiene una pesadilla o se asiste a un funeral, puede usarse el color rojo para desembarazarse del karma o suerte negativa. En esta meditación, se puede visualizar la luz de un sol rojo que va llenando nuestro cuerpo entero." Aquí, el rojo es un componente importante para expeler el chi de la muerte y la maldad.

Cuando se visualizan colores, se está viendo el color en cuestión en la propia mente. Esto afecta al nervio óptico, el cerebro y el sistema nervioso. Como resultado, la visualización del color puede influenciar el estado de ánimo, el comportamiento, los movimientos físicos, el idioma y los negocios. El resultado es una reacción en cadena física y emocional. Con respecto al uso de la *meditación del sutra del corazón*, Lin Yun observa: "A través de la visualización, hay que concentrarse, de manera que la circulación de la sangre sea suave. La respiración debe ser pareja, de manera que finalmente su salud mejorará, y aumentará la sabiduría... y obtendrá mayor profundidad espiritual. La bola o luz blanca de esta meditación es de importancia en este proceso".

• *La rueda dharma del Sol y la Luna* •

Otra meditación, la de *la rueda dharma del Sol y la Luna*, variante de la meditación del sutra del corazón, emplea las imágenes de la luz blanca (sol) y roja (luna) para mejorar la salud física y mental y aumentar la espiritualidad.

• La gran meditación de la luz solar de Buda •

La *gran meditación de la luz solar de Buda* es un ejercicio del BTB para curar dolencias del cuerpo. Invoca al poder creativo del Sol y su luz, sus colores y su calor, en la forma de una bola blanca brillante para liberar al cuerpo de desórdenes y dolores físicos.

• La práctica de purificación Om-Ah-Hum •

El color también es vehículo en la meditación de purificación espiritual *Om-Ah-Hum*. En este ejercicio, una bola asciende a la mitad del cuerpo y cambia de tonalidades rojas a naranjas y luego amarillas, recorriendo así el espectro total, hasta que la bola regresa al rojo y se transforma literalmente en el vehículo –como una alfombra mágica– que transporta el chi de quien medita a la presencia del Buda.

Esta meditación puede realizarse como una práctica en sí misma para perfeccionar el karma o como parte de otra meditación, tal como la meditación del *sutra del corazón* o de *la rueda dharma del Sol y la Luna*. Se trata de un método de purificación, una oportunidad de perfeccionar el karma y cultivar el chi. Se emplea para expeler el karma negativo que se haya acumulado durante los tres espacios vitales: la existencia pasada, esta vida y la próxima. Este ritual no sólo busca liberarnos del mal karma y del efecto negativo de las malas acciones de estas tres existencias, sino que se concentra en los actos negativos inferidos por nuestra palabra, nuestro cuerpo y nuestra mente hasta purgarlos junto con el karma por éstos acumulado. La sílaba "om" se refiere a nuestro cuerpo, "ah" representa el habla y "hum", la mente. Hay otra sílaba, "sha", que expresa la esperanza de que todos nuestros deseos e intenciones nos sean otorgados y se cumplan con buenos resultados. Esta frase de cuatro sílabas se pronuncia tres veces, cada una de las cuales se dirige a los males de cada uno de los tres momentos vitales.

• La meditación de Tara Verde •

Esta meditación usa el color verde como una forma de cultivo del chi y como método de resolver problemas de salud física y mental y de aliviar el sufrimiento de otras personas. Si se la practica con regularidad, se dice que ayuda no sólo a desarrollar el poder espiritual y la sabiduría sino a aumentar la paciencia y la compasión.

Su nombre, no es de extrañar, proviene de una bodhisattva, Tara, conocida por su compasión. Tara suele aparecer vestida con hermosas ropas verdes y resplandecientes joyas del mismo color. Lo más distintivo de su aspecto es el peinado. Lleva un gorro de dharma en que se sientan los Budas de las cinco direcciones cardinales. Cuatro de los Budas miran hacia el norte, el sur, el este y el oeste, y el quinto Buda, Amitabha, se sienta en el centro del gorro. Tara Verde es conocida por curar enfermedades como el cáncer, tumores y dolencias malignas inesperadas.

Tara Verde es especialmente conocida por ayudar a Sakyamuni a llegar al estado de Buda. En el camino al nirvana o iluminación, Sakyamuni se encontró con varias tentaciones, obstáculos y males que podrían haberlo alejado del camino. Al llegar a su destino final, apareció Tara Verde para protegerlo, alejándolo de las fuerzas negativas y de los obstáculos. Los chinos la llaman Lu Du Fwo Mu, la madre de color verde del Buda.

• *La meditación del cuerpo del arco iris* •

La *meditación del cuerpo del arco iris*, en la que se emplean todos los colores del espectro, es una de las meditaciones más sagradas. También es la que se relaciona más estrechamente y de modo más cabal con el color. Se practica para mejorar la salud física, la espiritualidad y los poderes espirituales, la sabiduría y el juicio, además de para aumentar las virtudes personales, como la paciencia, la apertura mental y la compasión. La meditación del cuerpo del arco iris también puede practicarse para prepararnos emocionalmente para la muerte: para enfrentar la muerte con mayor comprensión universal y llegar a ella con una sensación de paz y armonía.

El *cuerpo del arco iris* se refiere a un cuento budista de un elevado lama budista tántrico tibetano que vivió en el siglo VIII. Cuando murió este hombre extraordinario, era tan santo que su cuerpo se transformó en un arco iris. El arco iris también alude al poder natural del Sol, última fuente del espectro. Se emplean todos los colores del espectro de siete colores en secuencia. La meditación puede ser potenciada por las propias asociaciones con el color y el propio entendimiento. Por ejemplo, cuando se practica la etapa "roja", se puede asociar el rojo con prosperidad, potencia, energía y hasta con liberarse de los efectos negativos de malos sueños y de la mala suerte, en alusión a la meditación de *la luz del sol rojo*. La etapa "amarilla" puede simbolizar la luz dorada del Buda. La fase "verde" quizá invoque a Tara Verde, y así sucesivamente.

Es digno de observar que la importancia del espectro de los siete colores reside tanto en su aplicación en la meditación como en el significado de sus raíces filosóficas. Lin Yun describe los orígenes del sistema: "Dentro del universo, no es posible discernir nada. No obstante, cuando la luz –energía– pasa a través de un prisma, entonces se ven los colores del arco iris. Sin el prisma, sólo existe la luz, que es invisible". Así, el espectro ilustra que "el color es el vacío". Lin Yun explica que el espectro de los siete colores es una herramienta de meditación para los lamas tibetanos de las sectas Negra y Roja. "Cuando meditan en el nivel más elevado, se concentran en los siete colores, que desaparecen y se convierten en luz. Sus cuerpos en última instancia desaparecen para alcanzar el nirvana. Cuando llegan a este último estado, primero se transforman en el espectro y luego en la luz."

• *Las asociaciones de los colores en la China* •

Los colores afectan a nuestro humor y sentimientos. Algunos colores tienen un magnetismo universal. Por ejemplo, los colores primarios y brillantes tienden a hacernos sentir más contentos. Los colores oscuros pueden volvernos más serios. El impacto de otros colores está más determinado por parámetros culturales. Por ejemplo, el blanco, en occidente, representa la pureza, motivo por el cual las novias se visten de blanco el día de su casamiento. En China, el blanco representa el invierno, un estado de muerte o latencia, de manera que los deudos en China tradicionalmente llevan trajes de muselina blanca en el funeral y el cuerpo es vestido con una mortaja blanca. En una boda china, si la novia se viste de blanco, cosa que hacen algunas novias modernas en la China actual, según Lin Yun, también ella, en cierto sentido, está de luto, con el significado de que el matrimonio tendrá un final desafortunado. De la misma manera, los chinos evitan dormir debajo de una manta blanca, lo cual recuerda a la mortaja mortuoria, con el significado de que el sueño puede transformarse en muerte. (Con las sábanas blancas no hay problema.)

A continuación ofrecemos un análisis básico de lo que simbolizan los colores, según Lin Yun:

Rojo

El rojo es considerado un color particularmente auspicioso. Connota la felicidad, la calidez o el fuego, la fuerza y la fama. Por consiguiente, una novia china se viste con un *cheongsam* escarlata, el padre de un recién nacido ofrece huevos rojos y los regalos de año nuevo chinos se dan en sobres rojos destinados al "dinero de la suerte". Según Lin Yun, el rojo es como "un sol rojo que sale por el este". Cuando recién aparece sobre el horizonte, es muy rojo. Se asemeja al rojo de la fuente de energía del universo. El rojo es un color muy poderoso. Es (1) fuente de energía; (2) un estimulante y (3) una manera de rechazar el chi malo. Algunos seguidores de Lin Yun usan cintas o cuentas rojas para encauzar y retener su chi.

Púrpura

El púrpura, rojo intenso, o ciruela, es un color igualmente auspicioso. Se dice que inspira respeto. Algunos argumentan que trae más suerte que el rojo. Un viejo proverbio chino dice: "Es tan rojo que es púrpura", haciendo alusión a que algo es "cosa de otro mundo", lo mejor que puede ser. Si alguien tiene un chi púrpura, significa que es un individuo de gran nobleza, poderoso, rico y afortunado.

Amarillo

El amarillo u oro representa el poder, por eso el emperador se enfundaba en este color usando mantos dorados con un dragón bordado en hilos de oro: el emblema imperial. El amarillo da sentido de tolerancia, paciencia y sabiduría obtenidas de experiencias pasadas. Un viejo proverbio chino dice: "Con gran tolerancia, podrás obtener la más alta estima (posición)".

Verde

El verde representa la tranquilidad, la esperanza y la frescura. Es el color del elemento madera y también simboliza el brotar de la primavera. En las plantas y en la vegetación, el verde indica un buen y saludable chi de la tierra. Éste es el verde de las esmeraldas y de las hojas de loto.

Azul

El azul o índigo tiene doble significado. Por un lado, el azul es el color asociado con la madera. Por lo tanto puede simbolizar la primavera, un nuevo crecimiento y la esperanza. No obstante, el azul también es un color frío secundario con significación de luto para los chinos. Es sabido que algunos diseñadores chinos evitan el azul en proyectos de construcción.

Verde azulado

El verde azulado, el verde menta o el verde agua son más auspiciosos que el índigo ya que se encuentran más cerca de los colores de la naturaleza y la primavera. El término chino para este color es *ch'ing*, que puede significar tanto azul como verde. Describe el azul del cielo o lapislázuli, así como el verde del bambú, sapos o la pátina del cobre. En general, el *ch'ing* representa la inocente juventud.

Negro

En cuanto a lo positivo, el negro –o cualquier color oscuro– da una sensación de profundidad, tanto en el humor como en la perspectiva. Por ejemplo, la tinta china de las pinturas monocromáticas chinas ayuda a crear un ambiente contemplativo de gran hermosura, permitiendo al observador sumirse en sus pensamientos. Pero el negro también indica falta de esperanza y puede hacernos sentir "en la oscuridad", deprimidos.

Gris

El gris es un color ambiguo, o zona gris. El impacto que produzca dependerá de la asociación del individuo. Para algunos, el gris, como un día nublado y triste, connota frustración y falta de esperanza. Para otros es positivo: la unión de opuestos: negro y blanco. El gris, en este caso, significa equilibrio y resolución de conflicto.

Marrón

El marrón nos transmite una sensación de pesadez. Este color puede usarse para crear una impresión de estabilidad y solidez. Simboliza la profundidad y raíces de la madera. El uso del marrón en las antiguas casas europeas, por ejemplo, nos da una sensación de que algo ha existido durante mucho tiempo y continuará existiendo en el futuro. Las personas de edad tienden a preferirlo. El marrón puede resultar muy elegante. Otra impresión relacionada con el marrón es la sensación del paso del tiempo. El marrón puede recordarnos el otoño, cuando las hojas se vuelven marrones antes de caer.

Tostado

El tostado o café con leche representa un nuevo y exitoso inicio. Lejos de parecer desesperanza, surge una nueva posibilidad.

Naranja

El naranja, que es mezcla del rojo con el amarillo, es auspicioso y tiene las características de estos colores: felicidad y poder.

Rosa

El rosa representa el amor y los sentimientos puros, la alegría, la felicidad y el romance.

Durazno

El color durazno tiene dos facetas. Es el color que representa la atracción y el amor. En general, es un buen color para personas solteras, pero es un color destructivo para parejas casadas. Esta idea proviene de la frase china "suerte de durazno en flor", que hace referencia a las personas muy atractivas para el sexo opuesto. Una persona soltera con *suerte de durazno en flor* será sociable, hará muchos amigos y tendrá montones de admiradores. Si bien muchas de las relaciones no durarán, nadie se verá muy lastimado. Para una persona casada, la *suerte de durazno en flor* la conducirá al adulterio.

Según Lin Yun, existen tres categorías de *suerte de durazno en flor* que son grados de poder de seducción con las resultantes consecuencias. La primera etapa es la persona sociable. Sea ésta hombre o mujer, en el trabajo o socialmente, es considerada por los demás afable, confiable, colaboradora y responsable. La gente disfruta buscando su compañía. Otras la ayudan y disfrutan de la compañía de esta persona compartiendo una comida o una conversación, así como de estar simplemente en su presencia. Se trata de alguien popular que tiene una cualidad que atrae en especial al sexo opuesto. Esto es normal y no afecta al hogar. (Alguien que careciera por completo de *suerte de durazno en flor* sería desagradable para el sexo opuesto y sólo trataría a las personas de su género.)

La segunda fase de la *suerte de durazno en flor* es la evolución de una amistad que se transforma en un asunto amoroso. Esto es un enredo de *suerte de durazno en flor* y afecta al hogar. Resulta destructivo para la familia y el matrimonio. Aunque el otro cónyuge no lo sepa, existe la posibilidad de que se produzca un gran daño.

El tercer momento es la muerte de la *suerte de durazno en flor*. Ésta es la tragedia: el esposo averigua, se producen peleas familiares y, posiblemente, termine en divorcio. Los encontronazos serán violentos y amenazadores y pueden conducir a un crimen pasional o una seria enfermedad en la familia.

Capítulo cuatro:

EL FENG SHUI EN EXTERIORES:
EL PAISAJE DEL COLOR EN EL CAMPO
Y LA CIUDAD

Los colores de la naturaleza y el paisaje tienen un lugar preponderante en el arte del feng shui, el sistema chino para lograr armonía con el entorno. Desde el momento que salimos de casa nos confrontamos con el color. Nuestros ojos captan los tonos del cielo, la tierra, el jardín, las plantas de los maceteros de la ciudad. Los colores de las vistas que nuestros ojos captan en la caminata diaria a la escuela o a la oficina nos afectan en forma directa, igual que los paisajes que vamos pasando en el automóvil cuando estamos de vacaciones. Estos colores pueden ser tranquilizadores, estimulantes o perturbadores. Los colores de las estructuras construidas por el hombre –nuestras casas, los edificios aledaños, las piletas de natación, y hasta los automóviles que conducimos– también influencian sobre nuestro chi y nuestra suerte. Si bien el estilo y forma de las carreteras, puentes, piletas y fuentes pueden ser cruciales, el color es el medio principal para aprehender estas estructuras. Es la piel de las cosas. Reaccionamos a él en forma instintiva y podemos usarlo para modificar nuestro medio, sea éste rural, suburbano o urbano.

Este capítulo hace especial hincapié en la manera en que el color del paisaje puede mejorar nuestro chi, sea este paisaje el del patio de nuestra casa o la naturaleza. Además de examinar las implicaciones del color de los elementos naturales, tales como montañas y agua, árboles y flores, este capítulo también se centraliza en la manera en que nos afectan los colores del paisaje hecho por el hombre. Como veremos, existen miles de formas de emplear el color en los exteriores para mejorar nuestro chi y nuestra suerte. A lo largo de este capítulo, se emplean con frecuencia los conceptos clave de los colores de los cinco elementos, los ciclos creativo y destructivo de los colores, los seis colores verdaderos y el diagrama del ba-gua de los colores de los cinco elementos.

• *La historia del color en el paisaje* •

Para apreciar cabalmente la teoría del color de Lin Yun en su aplicación al paisaje, es necesario comprender la base agraria, arquitectónica y artística de esta teoría y práctica. Durante milenios, los chinos han creído que existe una fuerza vital, engendradora de vida —el chi— que fluye dentro de la tierra. Este chi circula en áreas subterráneas, haciendo que fluyan las vertientes y el magma subterráneos. En los lugares en que el chi fluye cerca de la corteza terrestre, el suelo es fértil, blando y húmedo, de manera que allí crecen granos como el trigo y el arroz. Cuando, en la antigüedad, los granjeros chinos plantaban frutas y vegetales en estos sitios, obtenían ricas cosechas. Así, consideraban que las áreas más adecuadas para la vida y residencia humana eran las dotadas del chi nutritivo. Estos medios fructíferos, llenos de chi, eran verdes y pródigos y se consideraba que tenían un buen feng shui. Los chinos siempre han sido atentos observadores de la naturaleza. Más adelante descubrieron que si construían una casa en medio de una ladera de frente al mar, podían crear un hogar seguro y confortable. Existe un viejo proverbio chino que describe el lugar perfecto para vivir: "El agua es clara, los árboles son frondosos, el viento es suave y el sol brilla". Se fundaron pequeños pueblos y grandes ciudades siguiendo este principio, ya que todo lugar propicio para la vivienda humana –un lugar con buen feng shui– inevitablemente atrae cada vez más cantidad de residentes.

Los chinos realzan su entorno y prestan una estricta atención al feng shui del área. Dentro de esta consideración, casi siempre entra en juego el color. El verdor de los árboles y arbustos, la disposición de flores rojas, amarillas y azules de colores brillantes, el tono particular de la casa propia y de la del vecino: todo esto nos afecta. Comprender el impacto del color puede ser de utilidad para guiar las elecciones del diseño del paisaje exterior y el color de la pintura de la casa.

El chi de la Tierra:
En los lugares donde el chi circula en la Tierra cerca de la superficie, el resultado es un magnífico verdor: un buen feng shui. Las plantas marrones, secas, muestran que el chi se aleja de la superficie en espiral: sinónimo de un mal feng shui.

■ ■ ■

• *El poder regenerador de los colores de la naturaleza* •

Desde tiempos remotos hasta la actualidad, los colores de la naturaleza han provisto un estímulo tranquilizador y vigorizador a nuestros cuerpos y mentes, mejorando las emociones, el habla y el sistema nervioso. Los rojos, azules, verdes, amarillos y blancos de los árboles, flores y tierra nos ayudan a inspirar y regenerar el chi.

Según Confucio: "Los virtuosos se encaminan hacia las montañas, mientras que los sagaces se sienten atraídos por el agua". En otras palabras, los virtuosos prefieren la tranquila estabilidad y solidez de las montañas y los sagaces se inspiran con la actividad dinámica del agua. También se puede comprender este dicho desde la perspectiva del chi y el color. El virtuoso en las montañas observa árboles, arbustos y una variedad de flores silvestres, todas llenas de la fuerza de la vida: el chi. La exuberancia del bosque y las flores blancas, amarillas, azules y rojas dan una sensación de paz y estabilidad. En la antigua China, los sabios ermitaños se iban a las montañas buscando refugio de las presiones sociales y de la intranquilidad política. Disfrutaban de la quietud y observaban el cambio de las estaciones, el ciclo de colores que iba del verde al amarillo, rojo y marrón. Con la estabilidad y paz de la montaña, verdadero microcosmos del equilibrio de la naturaleza, los sabios no tenían necesidad de nada más, ni puesto oficial ni sociedad. El color y el amor se relacionan intrínsecamente. Los sabios amaban la naturaleza y su variedad de colores. Como resultado, se sentían contentos.

Mientras que las montañas nos hacen relajar la mente, el agua en todas sus formas y tonalidades nos complace. El movimiento y el color del mar estimulan y calman la mente al mismo tiempo, dando profundidad a los pensamientos. Perder la mirada a lo lejos sobre un mar verde nos levanta el ánimo y hace que nos sobrevenga un sentimiento de felicidad.

Todos los colores de la naturaleza nos evocan muchas cosas. Para describir la actividad de la primavera, un poeta chino escribió una vez: "La brisa primaveral sopla en la orilla sur del río". Otro poeta mejoró la frase y la cambió: "La brisa primaveral enverdece la orilla sur del río". Esta frase tiene más fuerza vital, más chi. Ayuda a que la mente visualice no sólo la brisa suave y cálida, sino el pasto verde que se mueve y las flores que se abren.

Hoy, la vida es complicada y confusa, y nuestras mentes pueden verse perturbadas y agobiadas por el trabajo, las actividades y luchas diarias. Trabajamos muchas horas y terminamos agotados. Así es como nos tomamos vacaciones todos los años y descansamos y viajamos, vamos a las montañas o al mar para regenerarnos. Necesitamos ver colores que no solemos ver para dar armonía a nuestras mentes y cuerpos, además de estimular nuestra energía. Este colorido cambio es, en cierto sentido, goce.

Ya que determinadas combinaciones de colores son más tranquilizadoras y agradables que otras, los colores de los espacios públicos, parques, montañas, paseos, áreas de descanso y jardines deberían ser vivos y vibrantes y estar dispuestos de maneras que no sean las que convencionalmente vemos. Esto aviva y relaja nuestro chi, aumentando nuestra felicidad y placer. Independientemente de dónde quiera relajarse una persona –un parque, un jardín, el patio de una escuela, en casa o cerca de un hogar de ancianos– se deberían seleccionar colores que simbolicen paz y serenidad, como el verde y el azul. El verde representa la calma de las montañas, el azul la cualidad del cielo y del mar. Además de usar el verde como color tranquilizador y relajante, algunos acentos rojos pueden mejorar la atracción de un parque. Como dice un viejo proverbio chino: "Hay sólo un punto rojo en un campo de verdes". Esto significa que hay una persona, lugar o casa que sobresale. Es una en un millón.

• Colores urbanos •

Mientras el verde, que evoca la primavera, los nuevos inicios y la tranquilidad, es el color más importante para el campo, los suburbios y la ciudad, hay otros colores que pueden realzar el paisaje urbano. La vida de la ciudad necesita una rica variedad de tonalidades para vitalizar el área. A través de la aplicación de los colores adecuados a grandes centros metropolitanos como el de Nueva York, Tokio o Washington DC, puede mejorarse vastamente el chi de un país.

En general, las mejores elecciones de colores para un edificio grande como un rascacielos son el blanco o el café, el dorado o amarillo, o los colores terrosos. Si el edificio se pierde entre otros, puede usarse el color para ayudar a que se destaque. Se puede aplicar una cura especial del BTB: los pisos inferiores y la base del edificio pueden ser marrones o rojos, simbolizando el tronco de un árbol, mientras que los pisos superiores se pueden pintar de verde con acentos rojos, sugiriendo las ramas superiores de un árbol cargado con fruta, simbolizando su buena suerte y prosperidad.

El foco de la teoría china del color tiende hacia este tipo de acentos, con el sentido de que la variedad es el condimento de la vida. Como afirma Lin Yun: "Si una ciudad es toda verde, esto no es bueno. Es necesaria la presencia de otros colores que den un acento, como el rojo, el negro o el blanco... Miren a Tokio. ¿Por qué es tan próspera? De noche hay luces de neón de todos colores —verdes, amarillas, blancas, rojas— prendiéndose y apagándose, dando mucha vida. Como contraste, el chi de Pekín es bajo. Después de las nueve de la noche, no hay ni colores ni luces. La ciudad parece muerta. También los exteriores de las casas son en su mayoría grises, y un predominio de este color no puede atraer a la gente. En Shanghai, por el contrario, hay más colores, más luces, más carteles de negocios. Por lo tanto, el chi de Shanghai está mejorando y este chi terminará influenciando y avivando el chi de Pekín. Ya en la actualidad, la mayoría de los altos funcionarios del gobierno de Pekín son realmente de Shanghai. De hecho, de acuerdo con los círculos políticos chinos, el chi de Shanghai está elevándose. El chi de Cantón también es fuerte, aunque el de Hong Kong es más fuerte. Esto se debe a las luces de neón y los carteles muy coloridos que tiene esta ciudad. Las luces intermitentes de colores, más el alto nivel de actividad, elevan el chi de la ciudad.

En la actualidad, en Nueva York, el chi está mejorando, y las luces de Broadway y los grandes edificios ayudan a dar vida a la atmósfera. Caminando por Wall Street, Lin Yun comentó que la economía de los Estados Unidos podía mejorarse instalando cuatro luces reflectoras, que apuntaran a cada uno de los rincones del techo del viejo edificio Federal Building. También observó que el color negro pizarra del edificio de la Bolsa de Comercio de Nueva York y las rejas negras de las ventanas era mejor elección que el blanco para que las tratativas comerciales llegaran a buen fin.

En Washington DC, tanto como en la Ciudad Prohibida de la antigua China, el color del edificio determina la fuerza del gobernante. Se decía que el amarillo, que es el color de la posición central, reforzaba la autoridad central del emperador, su poder, su sentido de justicia y el control sobre el reino. Los interiores y exteriores de los palacios chinos eran de un amarillo dorado, el color reservado para el emperador. En los Estados Unidos, la Casa Blanca sería desastrosa para las riquezas del país si no tuviera los canteros de flores amarillas que adornan el césped. En general ha de evitarse el blanco, que es el color del luto para los chinos, en grandes dosis. Cierta sensibilidad a posibles connotaciones negativas del color se extiende al azul: una compañía constructora de Hong Kong dejó de lado el azul como color para exteriores porque tradicionalmente es el segundo color para significar luto.

En los casos en que se usa el color con la intención de transmitir solidez y solemnidad, el uso de toques diferentes puede ayudar a resaltar y dar luminosidad a la atmósfera, manteniendo el adecuado respeto y decoro. Según el profesor Lin, el severo monumento Vietnam Memorial de Washington DC, podría tener algo de color. "Si bien la piedra y los nombres son muy hermosos, este monumento está muy orientado a la muerte: el chi de las almas muertas es demasiado fuerte y puede producir algunos episodios desafortunados."

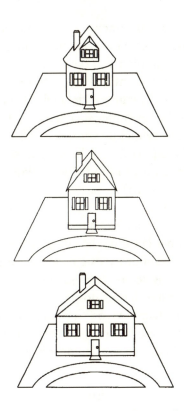

Las mejores formas para una casa son: circular, cuadrada o rectangular. Al ser formas resueltas, dan una sensación de totalidad.

■ ■ ■

Para evitar esto, sugiere agregar colores vivos, como unas flores rojas y plantas verdes. Al respecto, comenta: "Demasiado dolor no es bueno para la suerte de una nación".

Si los toques de color son dominantes en extremo, como en el caso de un edificio de color dorado, el mejor color primario para la fachada es el negro. El gris también está bien. Así se logra un equilibrio.

Los caminos

Los caminos y los colores de los costados de los caminos también son importantes. Lo ideal sería que las autopistas tuvieran banquinas y divisiones con abundante verde y plantas para mantener las mentes de los conductores estimuladas y despiertas y como fuente de inspiración general.

El mejor color para el pavimento de los caminos es el verde, simbolizando un camino de esperanza, lleno de fuerza vital. Las superficies negras o grises también van bien. En la ciudad el color de la superficie debería complementar el color de los edificios. En este caso, es aconsejable usar el diagrama del ciclo de colores creativos de los cinco elementos. Por ejemplo, si la mayoría de los edificios es de ladrillo a la vista, el pavimento verde es mejor porque la madera (verde) alimenta al fuego (rojo). A la inversa, si hay una fábrica de color negro, conviene un camino beige o blanco, porque el metal (blanco) crea el agua (negro).

Se produce una situación especial cuando la forma de un edificio o de varios edificios crea una forma reconocible. En tal caso, el color del camino debe animar la forma del edificio. Por ejemplo, si hay un edificio con forma de cilindro y éste es gris o verde, los caminos se irradiarán como las patas de un cangrejo, entonces deberían ser grises o verdes, o deberían estar iluminados con luces verdes, para reforzar la imagen de estos crustáceos vivos. Si el camino fuera rojo se crearía la impresión de un cangrejo muerto y la suerte de las personas que habitan o trabajan en el edificio se relacionaría con la muerte.

Los puentes

El color de un puente —sin importar su tamaño— puede resultar importante para elevar el chi del área y crear armonía entre las áreas de tierra que une. Si vincula terrenos del mismo color, está bien que el puente sea negro, gris, verde o rojo. No obstante, si conecta áreas que difieren en color, cobra importancia el diagrama de colores del ciclo creativo de los cinco elementos. Por ejemplo, si las áreas en cuestión son verde y marrón, el puente debería ser rojo, porque el verde y el marrón son colores destructivos, pero la secuencia del verde, rojo y marrón –la madera alimenta el fuego, que a su vez crea la tierra– es creativa y buena para el área. De esta misma manera, un pequeño puente en un jardín debe armonizar con los colores del jardín, creando un equilibrio visual cuando une un cantero de flores o césped con otro. Si no es así, hay que agregar diferentes objetos –un poste, una maceta, un carillón– para que se encuentren presentes los colores de los cinco elementos.

Las escuelas y comercios

Para las escuelas, oficinas y comercios los mejores colores son los vivos: verde por la primavera, amarillo por principios del otoño y rojo por el verano. Hay que evitar los colores asociados con el invierno –marrón oscuro o negro– cuando la vida está en hibernación. El marrón oscuro o el negro tienen el peligro de indicar mentes o negocios dormidos. Por el contrario, si el color exterior de una escuela o sitio de trabajo está lleno de vida, los estudiantes y trabajadores verán ese color y se sentirán confortables. Los colores llenos de vida dan vigor –el verde, el azul, púrpura azulado, púrpura rojizo– estimulan el cerebro, dando acceso a la totalidad de nuestra energía. Tales colores ayudan a quienes los ven a trabajar duro y concentrarse. La fachada de un negocio también puede pintarse según el ciclo creativo de los cinco elementos (véase el párrafo sobre colores para las casas en la página 96).

■■■

Los chinos tradicionalmente evitan las puertas blancas, ya que se las considera pasajes a la tristeza. El negro, el verde, el azul o el rojo son colores más auspiciosos para los ingresos. El restaurante japonés The Four Winds, en Nueva York, instaló una puerta de acceso gris verdosa en la entrada, con la esperanza de mejorar el negocio. Ahora sirve el almuerzo a una multitud que se congrega allí. El simbolismo literal también se aplica al color exterior de los edificios. Por ejemplo, un restaurante especializado en pescado no debería pintarse de rojo, el color de los moluscos cocidos —muertos— ya que se correrá el riesgo de que el negocio muera. Habrá que pintarlo de verde, el color de los camarones y langostas vivos. De modo similar, si un edificio, sea de oficinas o de viviendas, tiene forma de camarón o de cangrejo, no debe ser verde sino rojo.

• *Exteriores: Colores actividad por actividad* •

Oficina de gestor

Dado que los gestores deben ser buenos comunicadores y tener una mente inteligente y clara para negociar, el rojo, el rosa o el blanco —los colores del fuego y el metal— pueden ayudarlos a convencer. También es adecuado el blanco como color de la boca; las habilidades del habla persuadirán a otras personas.

Galería de arte

El éxito de una galería de arte depende de la transmisión de la reputación de sus artistas, así como de las habilidades verbales de su personal y de una presentación convincente en general. Por lo tanto, una galería de arte debería ser blanca, roja o rosa. El blanco representa la boca y el rojo o rosa, la razón.

Taller de artista

La fachada del taller de un artista debe ser misteriosa; los mejores colores, entonces serían el negro, el verde oscuro o el púrpura, simbolizando la fama.

Panadería

Una panadería debería ser toda blanca —por la limpieza— o multicolor.

Salón de belleza

Para un salón de belleza se recomienda una combinación de rojo, blanco y azul.

Lavadero de automóviles

Un lavadero de automóviles puede ser negro o marrón. *Nota general*: Los estacionamientos deben ser de colores claros: blanco, gris, verde claro o celeste. Eviten los colores oscuros tales como el verde oscuro o el marrón oscuro.

Librería

Una librería puede ser color marrón claro, amarillo o blanco. Eviten el negro, ya que es demasiado serio.

Compañía de computación y software

Una compañía de computación y software debe irradiar estabilidad, inteligencia e importancia, de manera que se recomienda una fachada oscura, de color negro, marrón oscuro o verde oscuro.

Compañía constructora

Debido a que su propósito principal es construir edificios sobre la tierra (la tierra equivale al amarillo), debería tener un exterior blanco (la tierra crea el metal, que es blanco) o verde (según el ciclo destructivo de los cinco elementos, el verde supera al amarillo).

Oficinas de empresas de rubros creativos

Las oficinas ejecutivas de una firma creativa deben ser de color rojo púrpura, blanco, o verde claro u oscuro. Eviten el negro o el marrón oscuro.

Estudios de cine, grabación o televisión

Un estudio, de cine, grabación o televisión debe ser celeste, verde oscuro, púrpura rojizo o multicolor.

Salones funerarios

Para los salones funerarios se aconseja un solo tono de negro, blanco o azul oscuro. Un frente todo blanco simboliza algo que pasó, desapareció, que está limpio. El negro total crea una sensación de seriedad. Todo azul transmite el ascenso al cielo.

Almacén

Un almacén orientado a la familia debe ser verde claro, celeste o amarillo claro: todos colores de esperanza.

Biblioteca

La fachada de una biblioteca debe tener un solo color, que conviene que sea oscuro: negro, marrón oscuro, púrpura rojizo, gris o verde oscuro.

Local de iluminación

Un local de iluminación debería ser rojo o púrpura.

Local de música

Un local de música debería ser negro, gris o marrón oscuro.

Farmacia

Las farmacias deben tener colores claros: blanco, rosa, verde claro o azul claro. También pueden ser púrpuras, significando que *es tan rojo que es púrpura*, es decir, que obtendrá reconocimiento por la eficacia de los remedios allí vendidos en salvar vidas. Eviten el negro, ya que es un color demasiado pesado.

Consultorio de médium

El exterior del consultorio de un médium debe ser todo blanco, todo rojo o todo púrpura. Estos colores favorecen la espiritualidad.

Consultorio de un psicólogo

El exterior del consultorio de un psicólogo es conveniente que sea verde oscuro, rojo, púrpura o negro –el color del agua– para simbolizar la claridad mental.

COLORES VENTAJOSOS PARA EXTERIORES DE COMERCIOS

TRABAJO \ COLOR	AZUL	VERDE	ROSA	ROJO	BLANCO	NEGRO/GRIS	AMARILLO/BEIGE	PÚRPURA	OTROS
Almacén	Sí celeste	Sí, verde claro					Sí		
Bibliotecas		Sí	Sí			Sí, negro y gris	Sí, marrón oscuro	Sí	
Cine, grabación, televisión	Sí celeste	Sí, verde oscuro						Sí rojizo	Multicolor
Computación		Sí, verde oscuro				Sí	Sí		
Construcción		Sí			Sí				
Consultorio de médium		Sí, verde oscuro		Sí		Sí negro		Sí totalmente	
Consultorio de psicólogo		Sí, verde oscuro		Sí		Sí negro		Sí	
Creatividad		Sí, verde claro		Sí purpúreo	Sí	No	No, marrón oscuro		
Estacionamiento	Sí celeste	Sí, verde claro				Sí	Sí		
Farmacia	Sí celeste	Sí, verde claro	Sí		Sí				
Funerarias	Sí, todo azul				Sí, todo blanco	Sí, todo negro			
Galería de arte			Sí	Sí	Sí				
Iluminación				Sí				Sí	
Inmobiliaria		Sí, verde oscuro o claro			Sí		Sí, amarillo o marrón		Multicolor
Juguetería					Sí				Multicolor
Lavadero/automóvil						Sí negro	Sí		
Librería					Sí	No negro	Sí		
Música		Sí				Sí, todo negro o gris	Sí, marrón oscuro		
Oficina de gestor				Sí	Sí	Sí			
Panadería					Sí				Multicolor
Salón de belleza									Blanco con azul
Supermercado	Sí celeste	Sí						Sí	
Taller de artista		Sí, verde oscuro				Sí negro		Sí	
Video									Multicolor
Vinos		Sí	Sí	No	Sí	Sí	Sí	No	Otros, no rojos ni púrpuras

Los colores usados en la presentación de un negocio a sus clientes deban establecer el tono adecuado para el tipo de transacción que se realizará.

■■■

Inmobiliaria

Debido a que las inmobiliarias se ven afectadas por la economía, en una oficina de este tipo se recomienda el amarillo, marrón, blanco o verde oscuro o claro, para atraer negocios y vender bienes inmuebles.

Supermercado

Los supermercados deben tener colores vivos, brillantes, como el verde oscuro o claro, el celeste, rosa o púrpura.

Juguetería

Las jugueterías deben ser o blancas o multicolores.

Vídeo

Los locales de venta de vídeos deben ser multicolores. Es mejor que se incluyan todos los colores de los cinco elementos.

Local de venta de vinos

En estos locales se puede usar cualquier color menos el rojo o el púrpura, porque el rojo y el púrpura son demasiado obvios y *racionales*.

• *Los colores en el paisaje* •

Ya sea en la vivienda como en el lugar de trabajo, los colores del paisaje pueden indicar el chi del área, afectando a sus habitantes. Los futuros compradores de una propiedad deben prestar mucha atención a los colores del paisaje y la vegetación. Si el pasto es gris o marrón, o si los árboles se están muriendo, esto puede augurar una fuerza vital en retroceso y, por último, fracaso para los residentes.

Por el contrario, donde prospera una planta, también lo harán los habitantes. La elección de determinadas plantas puede resultar evocativa y ayudar a definir el destino de los residentes. De hecho, los chinos asignan simbolismos especiales a ciertas plantas. Por ejemplo, la peonía representa la primavera, el amor y el gusto por la belleza. Desde la antigüedad, la peonía ha sido considerada augurio de buena suerte, prosperidad y elevado nivel social. Las flores tupidas y las hojas verdes anuncian buena fortuna, mientras que una planta seca y de color desagradable muestra que el propietario y la familia sufren pobreza e infortunios. El loto simboliza el verano y la pureza espiritual. Sale del barro limpio y blanco. Así se dibujó al Buda a menudo, sentado sobre un loto, elevándose y trascendiendo la turbia y mundana existencia. Los caquis rojos representan alegría, prosperidad en los negocios y auspiciosos inicios en un nuevo emprendimiento. Las manzanas simbolizan la seguridad y las naranjas representan la buena suerte. Los siempre vivas y el bambú son emblemas de longevidad.

Desde tiempos remotos los colores de las plantas han sido señales para los expertos en feng shui de un chi bueno y nutritivo y, por lo tanto, de las posibilidades de prosperidad de un lugar. El verdor de los árboles y arbustos indica la existencia de un buen chi y hasta puede mejorar el chi de un lugar y sus residentes. El verde de la primavera es la mejor tonalidad, ya que es señal de nuevas y vigorosas hojas y de un chi saludable. También deberíamos observar la forma de las hojas y evitar tener plantas puntiagudas y con pinches cerca de los caminos e ingresos.

También existen muchas variaciones en un determinado paisaje. Una pradera puede parecernos frondosa y verde a primera vista, pero si observamos más detenidamente veremos que no es uniforme. En algunas partes, los árboles y plantas son más verdes, mientras que en otras pueden estar más secos y amarillos. Si observamos el césped, veremos que algunos manchones son más verdes que otros. Aun si miramos las plantas de los maceteros frente a una casa, notaremos que algunas plantas son exuberantes mientras que las del vecino pueden verse ralas. Los colores de las plantas nos señalan el chi de la tierra.

Algunas veces, no obstante, la mano del hombre puede dañar el color y, por ende, el feng shui de un lugar. En los 60, en los Nuevos Territorios de Hong Kong, sobre una ladera, se realizaron construcciones que provocaron gran preocupación entre los residentes del área. Al excavar en la tierra, apareció un suelo rojo, que cuando llovía se transformaba en barro de color sangre que manaba de la colina como si fuera una herida abierta. Los perturbados ciudadanos locales protestaron que se había cortado la carne de la tierra. Para calmarlos, la empresa constructora levantó una cerca de 30 metros por 60 para vendar la sangrienta vista.

El color y la salud de los animales locales es otra forma en que los expertos en feng shui determinan el chi de un sitio. (En la anti-

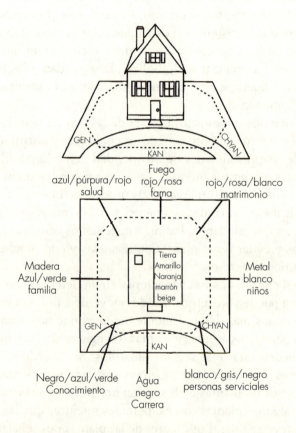

El ba-gua de los cinco elementos puede superponerse a un terreno alineando el "kan" con el centro del lado del ingreso. Diferentes áreas de las vidas de los residentes pueden mejorarse instalando los colores apropiados en la zona correspondiente del lote.

■■■

güedad, los adivinos examinaban los órganos internos de los animales locales como ayuda para determinar la posibilidad de prosperidad de un sitio.) Algunos lugares son visitados por hermosos pájaros con coloridos plumajes que vuelan y cantan claros y alegres cantos que nos levantan el espíritu. El graznido grave de cuervos negros en las cercanías puede hacer descender nuestro chi y deprimirnos. De la misma manera, hay que prestar atención a las fortunas de los vecinos, la suerte y las tragedias de sus vidas: como el divorcio y la quiebra. Los eventos "ocultos" –tales como pájaros muertos, cucarachas o lamparillas que se queman– son consideraciones significativas al evaluar el chi de un área.

• Cómo mejorar el paisaje con el color •

Cuando un experto en feng shui de estos tiempos mira una casa suburbana, no sólo considera el paisaje sino las formas del terreno y de la casa, los colores de la calle, la casa, la pileta, las plantas y hasta las casas vecinas. El sitio ideal es un lugar de vegetación frondosa y verde, con toques de flores y arbustos de colores brillantes. El terreno y la casa deben tener una forma regular –cuadrada, rectangular o circular– y los colores del edificio deben ser armónicos (véanse *Formas del terreno tipo casas* y *Colores exteriores de la casa*, más adelante). No obstante, si existen problemas, el uso estratégico del

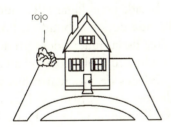

Las personas que busquen mejorar sus finanzas pueden plantar flores o arbustos rojos en el área de la riqueza de su jardín (véase dibujo a la izquierda, arriba). Instalando flores o arbustos blancos en el área de los niños de su jardín, pueden aumentar la fertilidad y la buena suerte de sus niños (véase dibujo a la derecha, arriba).

■ ■ ■

color en el paisaje puede mejorar la suerte de una propiedad y el chi de los residentes.

Las plantas ubicadas a ambos lados del ingreso atraen y crean un buen chi. En el caso de un comercio, un restaurante u oficina, las plantas representan un tipo de publicidad muy sutil, ya que atraen clientes y dinero.

Las plantas también pueden curar el chi malo. Los grandes árboles pueden ayudar a transformar la vista perturbadora de un cementerio, una iglesia o autopista de un huerto y al mismo tiempo, apagar el ruido.

Diagrama de colores del ba-gua de cinco elementos

Una forma de mejorar el chi de un lugar consiste en aplicar el diagrama de colores del ba-gua de cinco elementos tanto al terreno como a los edificios. El diagrama de colores del ba-gua de cinco elementos puede aplicarse a muchos aspectos de un terreno suburbano: las formas del terreno y de la casa, la elección de colores de plantas, piscinas y fuentes. Este diagrama se coloca sobre un lote o una casa como un octágono místico que se encuentra dividido en ocho aspectos de la vida: la salud, la fama, el matrimonio, los niños, las personas serviciales, la carrera, el conocimiento y la familia. Sobre este octágono, se superponen los cinco elementos –tierra, fuego, metal, agua, madera–, a cada uno de los cuales le corresponderá un color.

Una planta de colores auspiciosos ubicada en el lugar adecuado puede reforzar un área particular de la vida de los habitantes. Por ejemplo, un abeto azul plantado en el área de la riqueza del terreno puede mejorar las finanzas de la familia. Un jardín blanco en el área de los niños puede aumentar las posibilidades de procrear niños y mejorará sus futuros. Este jardín puede tener rosas blancas, lilas y jazmines, como el jardín de Sissinghurst, la residencia de Sir Harold Nicholson y Vita Sackville-West.

En el nordeste de Estados Unidos, se sabe del caso de una pareja en la que ambos trabajaban, que tenían problemas para encontrar quien cuidara a sus hijos pequeños un otoño. Plantaron crisantemos blancos alrededor del rincón de personas serviciales de su casa. Reforzaron las flores plantando bulbos de tulipanes blancos, narcisos y campanillas para que florecieran en la primavera. Las cosas mejoraron casi inmediatamente, pero se estropearon al poco tiempo, cuando tuvieron que echar a otra niñera, que según se dieron cuenta, prefería mirar novelas a cuidar niños. Al investigar las plantaciones, observaron que los bulbos de campanillas habían sido sacados por las ardillas que se preparaban para el invierno. Plantaron bulbos de narcisos y al poco tiempo contrataron una asistente adecuada.

Terrenos

Para aplicar el diagrama de colores del ba-gua de los cinco elementos a un terreno, uno debe primero identificar el ingreso del camino a la propiedad. Éste es el *chi kou*, o boca del chi, que se encontrará ya sea en la zona *gen, kan* o *chyan* (conocimiento, carrera o personas serviciales, respectivamente, véase el diagrama correspondiente). Estas tres posiciones siempre son los puntos de inicio al interpretar cómo superponer el ba-gua a un terreno. Cada área del jardín asociada con los cinco elementos del ba-gua tiene asignado un color que puede mejorar el aspecto correspondiente en la vida de los moradores. Por ejemplo, si se desea mejorar las finanzas, hay que ubicar el rincón izquierdo más alejado del jardín: el *hsun* o posición de riqueza. La zona de la riqueza, ubicada entre la posición de la familia —la situación de la vida asociada con la madera, y por lo tanto con el color verde o azul— y la zona de la fama —la posición que se corresponde con el fuego y el color rojo— pueden mejorarse agregando plantas o flores rojas, púrpuras, verdes o azules (véase el dibujo correspondiente). Si existe preocupación por el bienestar de los niños, hay que identificar la parte media del lado derecho del jardín. Ésta es el área de los niños. El mejor color aquí es el blanco, porque esta zona se asocia con el elemento metal. Una pareja neoyorquina que no lograba tener hijos hizo un jardín totalmente blanco en el área correspondiente a los niños de su casa y tuvieron dos hijos al poco tiempo (véase el dibujo correspondiente).

Debe observarse que algunos chinos evitan las flores blancas en sus jardines, porque el blanco les recuerda la muerte. De hecho, hubo un arquitecto occidental que se quejó de que cuando instaló algunos detalles blancos en un borde, su cliente chino se molestó y le dijo que reemplazara el borde con colores más brillantes. El blanco es positivo según las apreciaciones personales. Para algunos el blanco es símbolo de pureza. En las noches primaverales con luz de luna, los capullos de los manzanos, los tulipanes y las azaleas de color blanco parecen irradiar un brillo casi iridiscente.

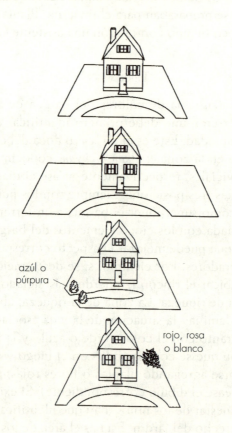

Las mejores formas de terrenos son las cuadradas y rectangulares (dibujo superior) porque dan una sensación de totalidad a la propiedad. Un terreno de forma irregular que no tenga el área del conocimiento puede ser rectificado plantando flores azules o púrpuras en el área adyacente; un terreno al que le falte la zona del matrimonio puede resolverse con plantaciones adyacentes de flores rojas, rosas o blancas (dibujo inferior).

■■■

Formas de terrenos y casas

La forma de un terreno o casa puede ser completa, tener un área faltante o, de lo contrario, puede contar con un agregado que crea una ventaja en las vidas de los habitantes. La mejor forma para un jardín o patio es cuadrado o rectangular. Puede superponerse el diagrama de colores del ba-gua de los cinco elementos en un terreno de forma extraña para ayudar a aportar armonía a la forma. Por ejemplo, si a un jardín le falta el área del conocimiento, del lado izquierdo del jardín delantero, plantar flores o arbustos púrpuras, azules o verdes puede armonizar la forma del terreno. Si al jardín le falta el área del matrimonio, en el extremo derecho del terreno, se logra resolver la forma instalando plantas rojas, rosas o blancas.

El empleo de luces puede solucionar algunas formas deficientes. Una lámpara o reflector, por ejemplo, puede proyectar una esquina faltante de una casa en forma de ele. Si se instala la lámpara o reflec-

El ala de un edificio puede crear una sensación de área faltante o puede considerarse un agregado. Si el ala es más pequeña que la mitad del ancho o longitud de la casa, es un agregado (dibujo superior). Si el ala excede la mitad del ancho o el largo, crea un área faltante (dibujo inferior).

■■■

tor en el punto más bajo de una loma, puede evitar que el chi y el dinero se vayan rodando, en el caso de un terreno inclinado.

Diseñar el paisaje usando el diagrama de colores del ba-gua de cinco elementos también puede ayudar a resolver una casa de forma desafortunada. Según se mencionó, los chinos prefieren formas regulares: el cuadrado, el rectángulo, el círculo. Cuando se aplica el diagrama de colores del ba-gua de los cinco elementos para resolver una casa o edificio de formas extrañas, hay que usar la puerta de acceso delantera de la estructura como el chi kou para determinar el lugar donde deben ubicarse los colores. En el feng shui, para aplicar el ba-gua, debemos determinar si el ala de la casa es una configuración positiva o negativa, es decir, si aquélla es un agregado o si crea, en cambio, una forma de casa con un área o varias áreas faltantes. Si la ele es más angosta que la mitad del ancho o longitud de la casa, se la considera un agregado de la casa y de las vidas de sus moradores. Por ejemplo, si una casa tiene un agregado en el área de la ri-

Las formas de casas extrañas pueden ser resueltas y mejoradas empleando plantas. Una casa en forma de ele a la que le falte el área de personas serviciales puede resolverse instalando flores de color blanco o lavanda (dibujo superior). Una casa en forma de U a la que le falte el área de la fama puede corregirse con una línea de flores o arbustos rojos (dibujo inferior)

■ ■ ■

queza, los habitantes disfrutarán de recompensas financieras. Si el agregado se encuentra en el área de las personas serviciales, la familia obtendrá ayuda de los amigos, cumplimiento de parte de los empleados y patrocinio de sus jefes. Si, por el contrario, el ala es más ancha que la mitad de la longitud o del ancho de la casa, ésta crea un área faltante. Por ejemplo, una casa a la que le falte una esquina en el extremo del lado derecho tendrá problemas maritales, algo faltante en la relación. Un jefe de familia que vive en una casa con una entrada retirada en el centro de la fachada de la casa puede tener reveses y desilusiones en la carrera.

El diseño del paisaje es una de las maneras de resolver formas de casas desafortunadas o inarmónicas. Independientemente del color particular de una planta floral, puede usarse cualquier árbol o arbusto como cura "verde", que al ser plantado fuera del rincón faltante de la casa equilibre las áreas correspondientes de la vida de los habitantes. La cura también puede ser más específica en cuanto al color: por ejemplo, en el caso de la casa con el conflicto marital, uno puede plantar un rododendro rosa o flores rojas y blancas para crear un agregado atractivo en el rincón del matrimonio ausente en la casa. Las plantas extienden simbólicamente los confines de la construcción. Si la casa tiene forma de ele invertida y le falta el área de las personas serviciales y parte del área de la carrera, flores de color blanco o lavanda, o un árbol servirán para completar la forma. Si la casa tiene forma de U y le falta la zona de la fama, las flores rojas pueden remediar este problema.

Las piscinas

El color de una pileta de natación también puede afectar la suerte de una familia. El valor de este elemento del paisaje puede rastrearse hasta la China antigua, donde era considerado elemento crucial. La palabra china para paisaje es *shan-shui*, que se traduce como "montaña-agua". Debido a que el acceso al agua resulta tan esencial al cultivo del arroz y otros granos, se piensa que el agua aporta buena fortuna y riqueza a los que disfrutan de verla desde sus casas y oficinas. Más allá del uso práctico del agua y el simbolismo monetario que esto acarrea, el agua también tiene un aspecto meditativo dentro de los jardines y pinturas de paisaje chinos. En la mayoría de los paisajes, que tienden a ser monocromáticos, el agua es una tonalidad del negro y se piensa en ella como una cualidad vital, si bien tranquilizadora, dentro de un paisaje. (El negro en sí es el color que se le asigna al agua en el diagrama de colores del ba-gua de los cinco elementos; cuanto más profunda es el agua, más oscura se pone.) Entre los cinco elementos, el agua se asocia con la sabiduría, representando claridad mental y profundidad de pensamiento.

Dentro del paisaje moderno, el agua es más un elemento decorativo o recreativo cuando se usa en fuentes o piscinas. Aun así, el agua conserva el simbolismo de riqueza prometida; y la elección del color de una pileta de natación o una fuente, según el diagrama de colores del ba-gua de los cinco elementos, puede mejorar las finanzas de los

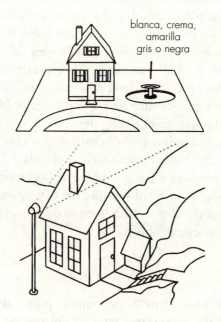

El color de una fuente puede realzar un área de la vida de los moradores. Una fuente blanca, crema, amarilla, gris o negra en el área de los niños puede favorecer el desarrollo de la descendencia (dibujo superior). (Hay que evitar las fuentes totalmente blancas agregando otro color, como un borde de ladrillos rojos.) La iluminación exterior puede resolver una topografía extraña, como un terreno en desnivel que baja desde la parte delantera hacia el jardín trasero. Colocando un reflector en el rincón trasero que ilumine la chimenea puede renovar la circulación del chi (dibujo inferior).

■■■

habitantes. Si una pileta de natación se encuentra en el área de riqueza, entre los elementos de fuego y madera, debería pintarse de verde o azul, por la madera, o rosa o rojo, por el fuego. Si la piscina se encuentra ubicada en otra área de la propiedad, traerá dinero y mejorará el área correspondiente de las vidas de los residentes, especialmente si la piscina es del color correcto. Por ejemplo, una piscina ubicada en el área de los niños de un jardín debería tener un color asociado con el metal (el elemento de los niños), con la tierra (el elemento que crea el metal) o con el agua (el elemento que es creado por el metal). Por consiguiente, una piscina ubicada en el área de los niños puede ser blanca, crema, amarilla, gris o negra.

Las fuentes

Las fuentes, que representan una de las nueve curas básicas del feng shui, pueden levantar el chi de un terreno y mejorar áreas específicas del ba-gua del terreno. Si la fuente está iluminada, aumentará aun más las fortunas de los residentes. El uso de luces de un solo color está bien, pero cuantos más colores, mejor. Los mejores diagramas de colores son tanto los colores de los cinco elementos como los siete colores del arco iris. Las fuentes pueden ser negativas si son totalmente blancas o si la forma del pedestal o de la pileta se parece a un ataúd. Si esto es así, use colores alegres, como el rojo o el verde. Si la fuente es de un blanco puro, estilo hospital, agréguele ladrillos o flores para avivar la monotonía.

La iluminación exterior

La iluminación puede mejorar el chi de un lugar además de resolver problemas específicos del feng shui. Como ejemplo, veamos el caso de una casa que esté por debajo del nivel de la calle, lo cual puede implicar un estado de chi malo, que afecte la carrera, matrimonio y salud de los habitantes. Puede colocarse un reflector en la parte trasera de la propiedad que alumbre el punto más alto de la casa (incluyendo la antena de televisión y la chimenea). El reflector puede ponerse sobre el suelo o montado sobre un poste.

Otro empleo de la iluminación exterior lo constituye el uso de reflectores instalados en las cuatro esquinas del techo apuntando hacia arriba. En una casa u oficina, los cuatro reflectores deberían converger en un punto focal bien arriba del edificio: los negocios se desarrollarán por el mundo entero y no habrá límite para la evolución de la carrera. Las luces ubicadas en el techo de una casa pueden irradiar hacia afuera, pero este ángulo no debe usarse de ninguna manera para una oficina: los negocios pueden ganar fama internacional, pero también habrá riesgo de quebrar.

Los caminos de acceso

El color del camino de acceso también puede afectar la suerte de los habitantes y el chi de una propiedad. El piso debe complementarse con el color principal de la casa. Para elegir un buen color, debemos

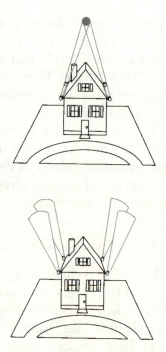

El chi de una casa u oficina puede elevarse instalando luces exteriores en los ángulos del techo dirigidas hacia arriba a un punto en que converjan por encima de la casa (dibujo superior). El chi de una casa también puede elevarse instalando luces exteriores en cada ángulo del techo apuntando hacia arriba y hacia afuera (dibujo inferior).

■ ■ ■

aplicar el ciclo creativo de los cinco elementos. Cualquiera sea el camino, hay que pintar la casa del color del elemento que crea el color del camino. Por ejemplo, si el camino está pavimentado con asfalto negro, el mejor color para la casa es el verde: el negro es el color asociado con el elemento agua y el verde está asociado con la madera, que es alimentada por el agua. Si el piso es de pedregullo rosa, la casa debería tener un tono beige: el beige es un color asociado con la tierra, es creado por el rojo, el color del fuego. Hay que asegurarse de no pintar una casa de un color destructivo en relación con el camino de acceso: podría acarrear consecuencias negativas. Si una calle conduce derecho hacia un edificio, esto puede causar un chi negativo. La instalación de un espejo puede ayudar a desviarlo.

Las cercas

Los mejores colores para las cercas son el verde jade y el rojo. Una cerca color verde jade representa la fuerza vital y el crecimiento, como el verde de la vegetación frondosa. Una cerca roja representa dotar a una familia de poder, fuerza y nobleza. Por otra parte, las cercas blancas simbolizan la muerte, la enfermedad y el fracaso. Ya que las cercas blancas son tan comunes, sugerimos una cura. Si no es posible pintarlas de rojo o verde, se aconseja plantar flores rojas o enredaderas verdes cerca o junto a la cerca. Otra opción es instalar objetos decorativos de color rojo: como nueve cintas rojas atadas en distintos puntos de la cerca.

En el caso de una cerca de madera sin pintar, que carece de vida, se aconseja poner hiedras o un cerco vivo para añadir una sensación de crecimiento, vida y esperanza. Si se agregan flores rojas, bayas, frutas u ornamentos a la cerca, el efecto total de la verja de madera, las plantas y el color rojo creará una imagen de manzano lleno de frutas, lo cual simboliza la prosperidad.

El ciclo creativo de los colores de los cinco elementos también puede aplicarse a las cercas. Por ejemplo, si la propiedad tiene césped verde, está bien poner un cerco negro, porque el agua (negro) alimenta a la madera (verde).

• Los colores para exteriores •

Claro que el color de una casa y el frente que presenta a la calle pueden producir un efecto positivo o negativo en el ánimo. El efecto de estos colores en nosotros es inmediato e intuitivo. Pero el color y el estado del exterior de una casa también pueden afectar a sus habitantes. Por ejemplo, una casa color ocre en Berkeley se vio dañada por el calor de un incendio en las inmediaciones. La pintura comenzó a desprenderse y la casa parecía abandonada. La propietaria comenzó a sufrir una enfermedad constante y se le declaró un tumor abdominal. "El color afectó mi salud, mi carrera y mis finanzas", me dijo. A sugerencia de Lin Yun hizo pintar su casa de púrpura con un reborde blanco y escaleras de color rosa y el tumor le fue extirpado con éxito. La casa se transformó en un punto focal, y hasta los vecinos a quienes el nuevo color les había disgustado aprovecharon el nuevo punto de referencia que la casa ofrecía para guiar a sus invitados.

De la misma manera, cuando abrió un restaurante chino en un lugar gris y hasta entonces despreciado de San Francisco, los propietarios pintaron la construcción de verde brillante, y casi de inmediato los negocios mejoraron.

Cómo usar los ciclos de los colores de los cinco elementos

La elección del color de nuestra casa puede ayudarnos a crear una vida tranquila si aplicamos los diagramas de colores de los ciclos de colores de los cinco elementos. Esta secuencia de colores puede comenzar en el camino de acceso o a nivel del suelo de la casa. Si hay un camino de acceso y se desea considerar su color, debemos seguir la secuencia creativa: comenzamos el diagrama de colores con el camino, luego continuamos con las paredes, seguidamente con los postigos y los marcos, hasta llegar finalmente al techo. Por ejemplo, si el camino es de pedregullo color tostado, el color asociado con la tierra y no se está considerando ningún zócalo, las paredes exteriores de la casa deben ser blancas: la tierra crea el metal, el elemento relacionado con el blanco. Los postigos deberían ser grises o negros, el color del agua, que es producida por el metal. El techo puede ser verde o azul, los colores asociados con la madera, que es alimentada por el agua. Por el contrario, si tenemos un camino de acceso de ladrillos de tonos rojos o rosas –los colores del fuego– las paredes de la casa deberían ser beige, por la tierra. Los postigos y marcos deberían ser blancos, por el metal, y el techo gris o negro, por el agua.

Si no hay camino de acceso o se elige no tomarlo en cuenta al elegir los colores del exterior de la casa, se puede usar ya sea el ciclo creativo o destructivo de los colores de los cinco elementos para planear un diagrama de colores. Si se usa el ciclo creativo, hay que comenzar desde el zócalo de la casa. Si tal zócalo no existe, hay que considerar las paredes exteriores como el primer color de la secuencia creativa. El ciclo creativo comienza en la parte inferior y

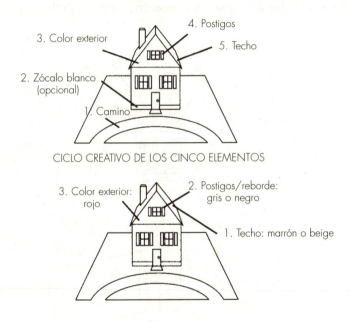

CICLO CREATIVO DE LOS CINCO ELEMENTOS

Cuando se usa el ciclo creativo de los cinco elementos para mejorar el chi de una casa, la secuencia de colores puede comenzar en el camino y continuar por el zócalo, el color de la pared, los postigos y luego el techo (figura superior). (El zócalo es opcional.) Cuando se usa el ciclo destructivo de los cinco elementos (se muestra aquí usando tres colores), la secuencia debe comenzar por el techo y desplazarse hacia abajo a las paredes o zócalo (figura inferior).

■ ■ ■

termina en la parte superior de la casa. Por ejemplo, si la casa tiene un zócalo color ladrillo –rojo por el fuego– las paredes pueden ser beige, porque el fuego crea las cenizas, o la tierra. Los marcos y postigos pueden ser blancos, el color del metal, que surge de la tierra. El techo puede ser gris o negro, el color del agua, que es creada por el metal. Si no hay ni marcos ni postigos, la secuencia comienza en el zócalo, continúa en las paredes y sigue al techo.

Si se sigue el ciclo destructivo, comenzamos por el techo y descendemos hacia las paredes y el zócalo, aplicando la secuencia de colores del ciclo mutuamente destructivo: el agua apaga el fuego; el fuego derrite el metal; el metal corta la madera; la madera remueve la tierra; la tierra obstruye el agua. Por ejemplo, si el techo es marrón, el color de la tierra, el zócalo y los postigos deben ser grises o negros, el color del agua, un elemento que es neutralizado y contro-

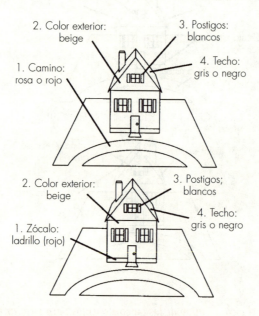

Al usar cuatro colores, la secuencia de colores del ciclo creativo de los cinco elementos puede comenzar en el camino, continuar con el color del zócalo o la pared, los postigos y, por último, el techo (figura superior). También es posible comenzar desde el zócalo y continuar hacia arriba, sin tomar en cuenta el camino de acceso (dibujo inferior).

■ ■ ■

lado por la tierra. Las paredes, en tal caso, deberían ser del color del fuego –rojo–, que es extinguido por el agua.

Según el profesor Lin, una cura especialmente auspiciosa y trascendental para mejorar el chi de una casa consiste en usar todos los colores de los cinco elementos en una secuencia mutuamente destructiva. Se trata de una cura muy dinámica que simboliza el reciclaje completo de la energía y, por ende, vigoriza la casa y el chi de sus habitantes. Una de estas secuencias especiales es la siguiente: Ponemos tejas negras o grises (por el agua); pintamos la fachada de un tono del rojo (por el fuego) y el zócalo de blanco (por el metal). Plantamos arbustos verdes alrededor de la base de la casa (por la madera) y construimos la chimenea de color naranja o ladrillo (por la tierra). Independientemente de si coincide o no con el gusto de quien la habita, éste es un ciclo regenerador que emplea las relaciones mutuamente destructivas de los cinco elementos. Una casa con semejante diagrama de colores se transforma en un emblema de la fuerza dinámica del chi y del cambio cíclico continuo del Tao.

CICLO CREATIVO DE LOS CINCO ELEMENTOS - CUATRO COLORES					
TECHO	Rosa/rojo (fuego)	Marrón/amarillo (tierra)	Blanco (metal)	Gris/negro (agua)	Azul/verde (madera)
POSTIGOS	Azul/verde (madera)	Rosa/rojo (fuego)	Marrón/amarillo (tierra)	Blanco (metal)	Gris/negro (agua)
PAREDES	Gris/negro (agua)	Azul/verde (madera)	Rosa/rojo (fuego)	Tostado/marrón/amarillo (tierra)	Blanco (metal)
ZÓCALO ↑	Blanco (metal)	Gris/negro (agua)	Azul/verde (madera)	Rosa/rojo (fuego)	Tostado/marrón (tierra)

CICLO CREATIVO DE LOS CINCO ELEMENTOS - CINCO COLORES					
TECHO	Rosa/rojo (fuego)	Marrón/amarillo (tierra)	Blanco (metal)	Gris/negro (agua)	Azul/verde (madera)
POSTIGOS	Azul/verde (madera)	Rosa/rojo (fuego)	Marrón/amarillo (tierra)	Blanco (metal)	Gris/negro (agua)
PAREDES	Gris/negro (agua)	Azul/verde (madera)	Rosa/rojo (fuego)	Tostado/marrón/amarillo (tierra)	Blanco (metal)
ZÓCALO	Blanco (metal)	Gris/negro (agua)	Azul/verde (madera)	Rosa/rojo (fuego)	Tostado/marrón (tierra)
CAMINO ↑	Tostado/marrón (tierra)	Blanco (metal)	Gris/negro (agua)	Azul/verde (madera)	Rosa/rojo (fuego)

CICLO CREATIVO DE LOS CINCO ELEMENTOS - CUATRO COLORES					
TECHO ↓	Tostado/ marrón (tierra)	Gris/negro (agua)	Rosa/rojo (fuego)	Blanco (metal)	Azul/verde (madera)
POSTIGOS	Gris/negro (agua)	Rosa/rojo (fuego)	Blanco (metal)	Azul/verde (madera)	Tostado/marrón /amarillo (tierra)
PAREDES	Rosa/rojo (fuego)	Blanco (metal)	Azul/verde (madera)	Tostado/marrón /amarillo (tierra)	Gris/negro (agua)
ZÓCALO	Blanco (metal)	Azul/verde (madera)	Tostado/ marrón (tierra)	Gris/negro (agua)	Rosa/rojo (fuego)

CICLO CREATIVO DE LOS CINCO ELEMENTOS - CINCO COLORES					
TECHO ↓	Marrón/ amarillo (tierra)	Gris/negro (agua)	Rosa/rojo (fuego)	Blanco (metal)	Azul/verde (madera)
POSTIGOS	Gris/negro (agua)	Rosa/rojo (fuego)	Blanco (metal)	Azul/verde (madera)	Marrón/ amarillo (tierra)
PAREDES	Rosa/rojo (fuego)	Blanco (metal)	Azul/verde (madera)	Marrón/ amarillo (tierra)	Gris/negro (agua)
ZÓCALO	Blanco (metal)	Azul/verde (madera)	Marrón/ amarillo (tierra)	Gris/negro (agua)	Rosa/rojo (fuego)
CAMINO	Azul/verde (madera)	Marrón/ amarillo (tierra)	Gris/negro (agua)	Rosa/rojo (fuego)	Blanco (metal)

• *Elementos de decoración exteriores* •

Maceteros

Los diagramas de colores exteriores no tienen por qué limitarse a las paredes y ventanas externas. Existen otros elementos extrínsecos que pueden emplearse como parte inherente de un plan global de color. El color de los maceteros es otro elemento del frente de un edificio que puede formar parte del diagrama de colores de los cinco elementos. Hay dos formas de aplicar el diagrama de colores: se puede aplicar sólo al macetero en relación con el color del marco de la ventana, o se puede tratar el color del macetero como parte del frente de la construcción.

El mejor color para un macetero es el que tenga una relación creativa con el color del marco. Por ejemplo, si la ventana es verde, conviene pintar el macetero negro o rojo, porque la madera (verde) alimenta el fuego (rojo) y es nutrida por el agua (negro), por lo cual el chi de la casa se beneficiará. El color del macetero siempre debe ser diferente del color del marco de la ventana. La peor combinación de colores para la ventana y macetero, sin embargo, es la del ciclo destructivo de los cinco elementos. Por ejemplo, si la ventana es verde, hay que evitar el blanco o el amarillo en el macetero porque la madera (verde) levanta la tierra (amarillo) y es cortada por el metal (blanco).

Si se está considerando incluir todos los colores de la fachada de la construcción, use los colores de todos los elementos (los cinco: rojo, amarillo, blanco, verde y negro) o los seis colores verdaderos (rojo, blanco, negro, verde, azul y amarillo). En este caso la secuen-

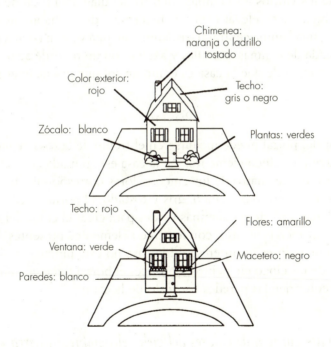

Una cura trascendental especial consiste en emplear todos los colores de los cinco elementos (dibujo superior). En este caso, no es necesario seguir una secuencia. Las colores de las ventanas y los maceteros deben "crearse" mutuamente (dibujo inferior). Aquí el macetero negro (agua) nutre a la ventana verde (madera). (Los otros tres colores ayudan a crear un símbolo de presencia de los cinco elementos.)

■■■

cia de colores no importa, siempre que estén presentes todos los colores. Por ejemplo, si la casa es blanca con zócalo rojo y techo marrón, las ventanas pueden ser verdes y los maceteros negros. O la casa puede ser blanca, el techo rojo, las ventanas verdes, los maceteros negros y las flores amarillas.

El color de los vidrios de las ventanas

El color de los vidrios puede mejorar las vidas de los residentes. El vidrio transparente está bien, pero el vidrio de color representa una mayor profundidad y sofisticación. Cuanto más elaborado sea el vidrio de color, ya sea por el grabado o por el diseño intrincado y colorido que tenga, más alto será el nivel de cultura y pensamiento. El color de los vidrios y su empleo dentro del diagrama total de colores también puede elevar el chi de una casa y de sus habitantes. Por ejemplo, una lámina central transparente en una ventana o una puerta, rodeada de láminas amarillas y azules con un reborde azul, creará la sensación de que la casa es como un sol que irradia energía.

Portal

El color del portal puede incluirse en el frente de la casa cuando se distribuyen los cinco elementos. Si la casa está pintada en cualquier combinación de cuatro de los cinco colores correspondientes a los elementos, como rojo, blanco, gris y tostado, el portal puede tener un cielo raso celeste o columnas verdes para crear el color del quinto elemento. En este caso, con los cinco elementos presentes, la secuencia de colores no interesa. Si la casa no está pintada según los colores de los cinco elementos, entonces el portal tiene que tener el mismo color que las paredes o zócalo de la casa.

• La secuencia de colores del cielo, el hombre, la tierra •

Si se aplica la secuencia cielo, hombre y tierra en un exterior, se puede considerar el techo como el cielo, el cerco como la tierra y las paredes y ventanas como el hombre, en el medio. Se puede usar esta secuencia tanto con el ciclo creativo como con el destructivo. Si se aplicó el ciclo destructivo de los cinco elementos, por ejemplo, el techo puede ser negro: el agua (negro) extingue el fuego (rojo), que a su vez, derrite el metal (blanco). Entonces, el cerco tiene que ser blanco y las paredes rojas.

La secuencia de tres colores también puede aplicarse en el exterior, tomando el techo como el cielo, las paredes como la tierra y las puertas y ventanas como el hombre. Por ejemplo, en un ciclo creativo de cinco elementos, las paredes pueden ser color beige, las puertas y ventanas pueden ser blancas y el techo, negro: la tierra (beige) crea el metal (blanco), que a su vez da origen al agua (negro).

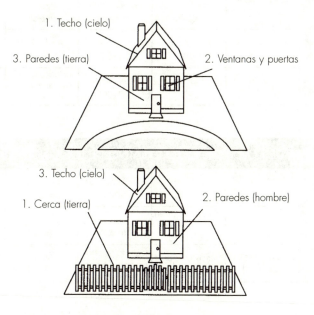

Para aplicar el ciclo destructivo de los cinco elementos en una casa usando la secuencia de los tres colores del cielo, el hombre y la tierra, comenzamos por el techo y descendemos hacia las ventanas y puertas para luego considerar las paredes (dibujo superior). Las cercas también pueden ser parte de los ciclos de colores de los cinco elementos. Cuando se emplea el ciclo creativo de los cinco elementos, comenzamos por la cerca (tierra), continuamos con las paredes (hombre) y luego terminamos en el techo (cielo) (dibujo inferior).

■■■

DIAGRAMA DE COLOR DEL CICLO CREATIVO DE LOS CINCO ELEMENTOS

TECHO (cielo)	Tostado/marrón /naranja/amarillo (tierra)	Blanco (metal)	Gris/negro (agua)	Azul/verde (madera)	Rosa/rojo (fuego)
VENTANAS Y PUERTA (hombre)	Rosa/rojo (fuego)	Tostado/marrón /naranja/amarillo (tierra)	Blanco (metal)	Gris/negro (agua)	Azul/verde (madera)
PAREDES ↑ (tierra)	Azul/verde (madera)	Rosa/rojo (fuego)	Tostado/marrón naranja/amarillo (tierra)	Blanco (metal)	Gris/negro (agua)

DIAGRAMA DE COLOR DEL CICLO DESTRUCTIVO DE LOS CINCO ELEMENTOS

TECHO ↓ (cielo)	Tostado/marrón /naranja/amarillo (tierra)	Gris/negro (agua)	Rosa/rojo (fuego)	Blanco (metal)	Azul/verde (madera)
VENTANAS Y PUERTA (hombre)	Gris/negro (agua)	Rosa/rojo (fuego)	Blanco (metal)	Azul/verde (madera)	Tostado/marrón /naranja/amarillo (tierra)
PAREDES (tierra)	Rosa/rojo (fuego)	Blanco (metal)	Azul/verde (madera)	Tostado/marrón /naranja/amarillo (tierra)	Gris/negro (agua)

DIAGRAMA DE COLOR DEL CICLO CREATIVO DE LOS CINCO ELEMENTOS

TECHO (cielo)	Tostado/marrón /naranja/amarillo (tierra)	Blanco (metal)	Gris/negro (agua)	Azul/verde (madera)	Rosa/rojo (fuego)
PAREDES (hombre)	Rosa/rojo (fuego)	Tostado/marrón /naranja/amarillo (tierra)	Blanco (metal)	Gris/negro (agua)	Azul/verde (madera)
CERCO ↑ (tierra)	Azul/verde (madera)	Rosa/rojo (fuego)	Tostado/marrón naranja/amarillo (tierra)	Blanco (metal)	Gris/negro (agua)

DIAGRAMA DE COLOR DEL CICLO DESTRUCTIVO DE LOS CINCO ELEMENTOS

TECHO ↓ (cielo)	Tostado/marrón /naranja/amarillo (tierra)	Gris/negro (agua)	Rosa/rojo (fuego)	Blanco (metal)	Azul/verde (madera)
PAREDES (hombre)	Gris/negro (agua)	Rosa/rojo (fuego)	Blanco (metal)	Azul/verde (madera)	Tostado/marrón /naranja/amarillo (tierra)
CERCO (tierra)	Rosa/rojo (fuego)	Blanco (metal)	Azul/verde (madera)	Tostado/marrón /naranja/amarillo (tierra)	Gris/negro (agua)

Los diagramas cíclicos de colores arriba detallados siguen la secuencia del cielo, el hombre y la tierra. Como se muestra en los dibujos anteriores, consideramos como elemento tierra ya sean las paredes con las ventanas y puertas representando al hombre, o el cerco, con las paredes como el hombre.

■ ■ ■

• Escala de las casas y clima local •

Otros factores, tales como el tamaño de las viviendas o el clima, pueden influenciar en la elección de los colores de una casa. Por ejemplo, el concepto del yin y el yang puede emplearse para armonizar la escala de un edificio. Si la casa es pequeña, conviene pintarla con colores brillantes o claros, evitando los tonos oscuros. Si por el contrario, una casa es grande, los colores oscuros van bien. Si se vive en un clima cálido, un color exterior claro nos hará sentir más frescos. En un medio de este tipo, evitamos los colores oscuros opresivos. Puede hacerse la excepción en una casa grande con amplias habitaciones, en que los tonos oscuros pueden crear una sensación más fresca.

• Vecinos •

El diagrama de colores de los cinco elementos también involucra a los colores de las casas vecinas. Las casas contiguas pueden ejercer un impacto positivo o negativo, según si su color "crea" o "destruye" el color de nuestra casa. El hecho de que la casa vecina tenga un color destructivo en relación con la nuestra puede traer consecuencias negativas, disminuyendo el chi de nuestra casa. Por ejemplo, si nuestra casa es blanca y los vecinos pintan la suya de rojo, esta yuxtaposición perjudicará la suerte de ambas familias, ya que el fuego destruye el metal. Pero si la casa vecina tiene un color creativo en relación con la nuestra, el chi de nuestra propiedad se verá vigorizado. Por ejemplo, si la casa vecina es marrón oscuro, puede afectarnos negativamente por ser un color depresivo que se ve todos los días al volver a casa. Pero si nuestra casa es blanca –el color del metal, que es creado por la tierra– la casa marrón resulta beneficiosa para nuestra suerte. Si el color de nuestra casa es creativo en relación con la de nuestro vecino, por ejemplo, también nosotros tendremos buena suerte. De la misma manera, si el color de nuestra casa *destruye* el color de la casa del vecino, el chi de nuestra propiedad se verá perjudicado. Así también, si nuestra casa es del mismo color que la de nuestro vecino, las puertas deberían tener colores complementarios.

Otra cura para los colores incompatibles consiste en plantar un árbol delante de las casas o entre ellas. En el caso de casas adosadas o departamentos, se recomienda hacer crecer hiedras en las divisiones.

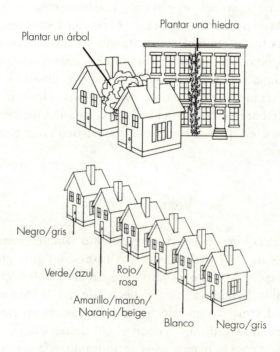

Para resolver colores incompatibles de las casas vecinas, ubicamos un árbol en el jardín delantero o en el área lateral. En el caso de casas adosadas, plantamos hiedras entre ellas (dibujo superior). Cuando las casas vecinas son del mismo color, las puertas deberían pintarse en colores complementarios del ciclo creativo de los cinco elementos (dibujo inferior).

■■■

NUESTRA CASA  LA CASA VECINA

Colores buenos de casas vecinas

Azul/verde	—	Gris/negro o rosa/rojo
Tostado/marrón/amarillo	—	Rosa/rojo o blanco
Rosa/rojo	—	Tostado/marrón/amarillo o azul/verde
Blanco	—	Tostado/marrón/amarillo o gris/negro
Gris/negro	—	Azul/verde o blanco

Los colores de las casas adyacentes pueden ejercer un efecto mutuamente positivo o negativo.
Si las casas vecinas tienen colores creativos, como verde o azul y rosa o rojo —la madera alimenta el fuego— todo está bien.

Colores malos de casas vecinas

Azul/verde	—	Tostado/marrón/amarillo o blanco
Gris/negro	—	Tostado/marrón/amarillo o rosa/rojo
Tostado/marrón/amarillo	—	Azul/verde o gris/negro
Rosa/rojo	—	Gris/negro o blanco
Blanco	—	Azul/verde o rosa/rojo

Si, siguiendo el ciclo de colores de los cinco elementos, las casas tienen una relación destructiva de colores, tales como blanco y verde o azul —el metal corta la madera— esto perjudicará a los vecinos.

Si se desea levantar el chi de la casa porque los edificios del vecindario lo debilitan, es necesario saber cuál es el color que hay que usar para realzarlo. Ésta es nuestra cura de color: si la casa de al lado es roja y la nuestra es blanca, debido a que el fuego (rojo) destruye el metal (blanco), nos veremos en inferioridad de condiciones. Si usamos negro, someteremos al vecino. Si usamos verde, lo frecuentaremos. Si usamos amarillo, los vecinos nos frecuentarán. La mejor elección será el púrpura: la casa tendrá tanto chi y tanta suerte que alcanzará el más alto nivel de buena fortuna.

Capítulo cinco:

EL FENG SHUI EN LOS INTERIORES: LA TEORÍA CHINA DEL COLOR PUEDE MEJORAR EL CHI Y LA SUERTE

Los colores de los interiores de las casas influyen sobre nuestro chi, muchas veces más que los colores del exterior de las casas o de la ropa que usamos. Se debe a que pasamos más tiempo en los interiores, sin cambiar el color de nuestro dormitorio de la manera en que nos cambiamos de ropa. Éste es el corazón del feng shui, la teoría y práctica chinas sobre el modo en que el chi del medio ejerce influencia en nuestro chi. En la práctica del feng shui, la filosofía del color es una consideración importante. Al pintar el interior de una vivienda u oficina, un experto en feng shui algunas veces aconsejará a la persona usar o evitar ciertos colores.

Siempre nos veremos influenciados por los colores del medio, pero el grado en que esto suceda depende del estado del chi personal, que puede ser bueno o malo. Si tomamos el caso de dos casas idénticas, ambas con un mal feng shui —porque tienen puertas no alineadas, vestíbulos estrechos o colores desafortunados–, pero ocupadas por dos parejas diferentes, puede suceder que una de las parejas experimente más dificultades que la otra. Sucede así porque el chi de una de ellas puede ser bueno, mientras que el de la otra, malo. Si el chi de un morador es bueno, nada malo le sucederá enseguida. Pero en el caso de un chi personal malo, puede haber constantes peleas, enfermedad, reveses financieros y quizá divorcio. La pareja con buen chi también se verá afectada por el feng shui de su casa, pero le tomará más tiempo. Gradualmente, entre cinco a diez años después, sus problemas irán empeorando. De manera que las personas con un chi malo sufrirán el efecto de un mal feng shui casi inmediatamente. El feng shui afecta a las personas independientemente de que su chi sea bueno o malo, pero el marco temporal del impacto negativo del feng shui será diferente: más extenso en el caso de los que tengan buen chi y menos extenso en el de quienes tengan mal chi.

Los colores con que pintamos nuestras casas y espacios de trabajo nos afectan el chi. Hay colores que deprimen, relajan o estimulan. Los mejores colores para el interior de una casa son el celeste o el verde claro. Se trata de colores relajantes que ayudan al morador a deshacerse de la tensión y estímulo del trabajo y el mundo exterior y entregarse a una ambientación más pacífica y nutritiva. El celeste y el verde claro también son buenos colores para una sala. La elección del color es un hecho sumamente personal. Algunos colores aquí sugeridos pueden no coincidir con la estética del color del lector. Si se opta por no usar el color como una cura para mejorar el feng shui y el chi, simplemente, queda elegir los colores favoritos: aquellos que más cómoda y feliz hagan sentir a la persona. (Hay que evitar el negro como color predominante, ya que es signo de depresión y autodestrucción.) No obstante, si se busca mejorar la armonía de la casa, la teoría china del color contribuirá a mejorar su chi y su suerte.

Los colores interiores nos afectan enormemente. Pueden usarse para crear una respuesta deseada. Éstos son los tonos que determinan la atmósfera de una casa o lugar de trabajo. Si se elige aplicar la teoría del color de Lin Yun en la casa u oficina, existe una variedad de métodos a partir de los cuales elegir una paleta apropiada para una habitación o el chi de sus ocupantes. Este capítulo ofrecerá tres métodos diferentes para mejorar el chi personal a través del color: el análisis según el tipo de medio ambiente que estamos considerando (un análisis cuarto por cuarto de la casa o, fuera de la esfera doméstica, negocio por negocio); el octágono del ba-gua de colores de los cinco elementos; y el diagrama de colores de los cinco elementos. Independientemente del método que se elija emplear, los colores de todos los interiores de una casa deben transmitir tranquilidad y relajamiento para ayudarnos a reponernos y revitalizarnos.

• El octágono del ba-gua de los colores de los cinco elementos •

El octágono de colores del ba-gua de los cinco elementos puede aplicarse al interior de una casa o a un cuarto específico. Para quienes ya hayan leído los capítulos anteriores, el ba-gua, el corazón de la teoría china del color, les será familiar. Basado en los trigramas del I Ching, el ba-gua es un mapa de las situaciones de la vida que pueden superponerse en el diseño de un cuarto o construcción. Estas situaciones de vida van desde la riqueza hasta el matrimonio, y de la fama a la carrera.

Para determinar la ubicación de estas áreas del cuarto o construcción, hay que pararse en el umbral. Si partimos imaginando un octágono centrado dentro de la habitación, se puede decir que la puerta está ubicada en tres posiciones posibles, correspondientes a tres lados del octágono: izquierda, centro o derecha. Procedemos a alinear el kan, o área de la carrera, con la posición central.

Éste es el ba-gua de tres puertas. Mirando hacia la entrada, si la puerta se encuentra a la derecha, está en el chyan, o área de "personas serviciales", en referencia a las personas que trabajan para el morador y a aquellas que pueden ayudarla desde arriba. Si la puerta se encuentra en el medio, se trata del kan, o área de la carrera. Si se ingresa por la izquierda, la puerta está en el gen, o posición del conocimiento.

Superpuestos en el ba-gua se encuentran los cinco elementos. Se pueden aplicar los colores correspondientes o secuencia mutuamente creativa a un área de la casa o habitación para activar o mejorar esa misma área de la vida. Por ejemplo, si estamos buscando fama y progresos en la carrera, se puede colocar una pintura con rojo en el área de la fama de la oficina. También, el verde o el azul (los colores de la madera, que alimenta al fuego) y el amarillo, tostado, naranja o marrón (los colores de la tierra, que crea el fuego) son colores que pueden realzar el área de la fama.

• La casa: los colores cuarto por cuarto •

Para los chinos, una casa es similar al cuerpo humano. Cada cuarto en una casa es como un órgano vital separado pero relacionado, parte del todo, pero con sus propias funciones. Los colores, analizados cuarto por cuarto, nos dan una idea general de las elecciones correctas para ayudar a mejorar la atmósfera y usos específicos de un cuarto.

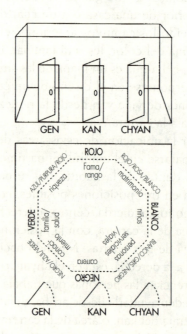

Para determinar dónde se encuentran las diferentes áreas de una habitación o construcción, hay que pararse en el umbral. Si imaginamos un octágono dibujado en la habitación a partir del centro, la puerta puede encontrarse en tres posiciones posibles, correspondientes a tres lados del octágono: izquierda, centro o derecha. Haga coincidir el kan, o área de la carrera, con el centro. Tenemos así el ba-gua de tres puertas.

■■■

Vestíbulo

El mejor color para un vestíbulo de entrada, el umbral de nuestra vivencia de la casa, es un color claro o brillante. El vestíbulo debe estar bien iluminado, de manera que cuando regresamos a casa, nuestro chi se vea positivamente alterado y entremos en un agradable entorno que regenere nuestra energía. Los mejores colores son claros, casi blancos, en tonos del azul, verde o rosa. Estos son colores de esperanza y bienvenida, que nos conducen al resto de la casa. Los colores claros son especialmente efectivos si no hay una fuente de luz natural, o si el vestíbulo es pequeño y cerrado. Conviene evitar los colores oscuros, a menos que el vestíbulo sea muy grande. Una iluminación buena y creativa puede mejorar un vestíbulo oscuro.

Si bien los colores de los interiores pueden elegirse según el gusto, consulte la tabla a continuación para saber qué colores son particularmente apropiados para determinadas habitaciones y cuáles deberían evitarse como regla general.

■ ■ ■

COLOR DE LAS PAREDES CUARTO POR CUARTO

CUARTO \ COLOR	AZUL/VERDE	MARRÓN	ROJO	ROSA	BLANCO	GRIS/NEGRO	BEIGE/AMARILLO	MULTI-COLOR
Vestíbulo	Sí claro	No		Sí	Sí	No		
Cocina			No		Sí	No		
Cuarto principal	Sí claro			Sí				
Cuarto de niños	Sí							
Salón de estar	Sí	Sí			Sí		Sí	Sí
Cuarto de meditación	Sí		Sí			Sí	Sí	
Biblioteca o estudio	Sí claro	Sí		Sí				
Salón comedor	Sí				Sí	No	No	
Baño					Sí	Sí	Sí	

Cocina

En una cocina, el blanco es el mejor color. Hace resaltar los colores de la comida, como si fuera una tela blanca sobre la cual el cocinero crea una comida de tomates rojos, pimientos verdes, un refresco amarillo. Además de ser el color de la pureza y la limpieza, el color blanco –el color del metal– es compatible con el elemento básico de la cocina, el fuego (el fuego predomina sobre el metal). Hay que evitar las cocinas totalmente negras, porque el negro –el color del elemento agua– destruye el fuego. También hay que eludir el rojo para una cocina, o habrá demasiado calor en ella y el cocinero de la familia siempre tendrá mal humor. Sin embargo, el rojo y el negro para dar toques de color van muy bien en una cocina con predominio de blanco.

Dormitorio

El rosa es el mejor color para el cuarto principal. Esto se debe a que la posición del matrimonio en el ba-gua se encuentra entre el fuego (rojo) y el metal (blanco). El rosa también es un color auspicioso. El verde claro y el celeste también van bien para dormitorios, ya que son los colores de la esperanza y el cultivo y refinamiento. Si un hombre o una mujer solteros buscan la oportunidad de casarse o desean encontrar una pareja, se le aconseja pintar el cuarto de durazno o rosa. Hubo un caso de una ansiosa madre de cuatro hijas adolescentes que hizo pintar de durazno los dormitorios de todas ellas.

Los chinos tradicionalmente evitan las frazadas blancas –el color de la mortaja que cubre a los muertos– porque temen que el sueño se parezca a la muerte. Son aceptables las sábanas blancas o blancas con flores o diseños coloridos. Los que desean casarse o los recién casados que desean afirmar el entusiasmo marital usan sábanas y frazadas rojas. Las sábanas azules o verdes contribuyen a promover el desarrollo en los jóvenes. El amarillo es muy adecuado para las personas mayores.

También pueden usarse los colores del dormitorio para crear una metáfora y cura poderosas. En una casa de Long Island, el cuarto principal se encontraba ubicado sobre el garaje. El experto en feng shui observó que esta ubicación crearía inestabilidad en el matrimonio, la familia y el negocio, porque sus automóviles entraban y salían constantemente: había movimiento continuo debajo de la pareja. Aplicando una cura especial del BTB, el experto sugirió que se pusiera un piso de madera oscura o de alfombra color tostado, simbolizando el firme tronco de un árbol viejo. Agregó que las paredes debían ser verdes, simbolizando las sanas hojas del árbol, con toques de color rojo en paredes o cielo raso, que sugirieran frutas o flores de ese árbol. Explicó que el rojo connota flores o frutas que brotan de una hermosa antigua fuente. Las hojas dan vida y las frutas aportan buena fortuna: capacidad fructífera.

Para los niños pequeños, la educación es importante. Los colores del área del conocimiento, que se encuentra entre el agua y la madera en la rueda del ba-gua, son el negro, el azul y el verde. El negro va muy bien para los muebles, para alentar los pensamientos profundos. El verde es el mejor de estos colores. Éstos ayudan al niño a ser aplicado en la escuela. Lo antedicho resulta especialmente importante si el joven tiene menos de veinte años. Cuando pasa los veinte, es el mismo joven quien debe elegir sus colores preferidos. En el cuarto de un niño rebelde, se recomienda el empleo de colores profundos o solemnes en las paredes y en los muebles, como el escritorio y la cómoda. Se recomiendan el blanco, el negro y el marrón.

Salón de estar

El salón de estar debe estar repleto de colores, tonalidades y diseños diferentes. Siendo el lugar donde se entretiene a los invitados, el salón debe estar lleno de estímulos visuales para mantener la atmósfera y la conversación viva y diversificada. Los mejores colores son el amarillo, el beige o tostado, o el verde o azul. Los marrones o amarillos relacionan el salón con la tierra y la posición central. El salón es el núcleo de la casa, y la tierra —simbolizada por el marrón, el tostado, el amarillo y el naranja— es el elemento del centro (tai-chi) del ba-gua.

Sala de meditación

Si existe una sala de meditación, lo mejor es un decorado austero: colores sólidos, tranquilos, apagados, sin dibujos. Los tonos sutiles y profundos del azul, verde, negro, amarillo o rojo alentarán la concentración y pensamientos profundos.

Biblioteca

La biblioteca o estudio también debería tener una atmósfera tranquila, meditativa, pero levemente más viva que la del cuarto de meditación. El mejor color, no obstante, depende de los tipos de libros que prefieran los residentes. Si prefieren libros serios, el marrón es la tonalidad adecuada. Para lectores menos serios, son buenos el celeste, verde claro o rosa.

Salón comedor

Los comedores, donde la familia come y se entretiene, deberían ser apetitosamente coloridos. Rosas, verdes y azules son los mejores. Conviene evitar el negro o blanco, o una mezcla del negro y blanco. Estos colores no invitan demasiado a disfrutar de la comida. Existen dos excepciones a evitar los negros: cuando se desean ambientes muy elegantes o cuando los habitantes tratan de adelgazar. Los individuales o manteles negros ayudan cuando se está haciendo dieta. En términos generales, no obstante, son mejores los colores claros y brillantes cuando se come, ya que se estimula el paladar.

Baño

Los baños pueden ser negros o blancos o una mezcla de negro y blanco. Acentúe el negro o blanco con toallas de colores más brillantes. El rosa y otros colores pastel también son buenos. El gris es adecuado.

• *Interiores: Los colores actividad por actividad* •

El color puede ser muy efectivo en el trabajo y los negocios. Se aconseja observar que la caja registradora debe ser de un color brillante y vivo que tenga la fuerza de la vida, tales como el rojo, el verde o un tono trigo del beige.

La mejor papelería, texto incluido, es la de color verde porque tiene la fuerza de la vida. La tinta negra sobre la papelería verde también es auspiciosa. Para la papelería de una oficina, los colores más oscuros alentarán a los trabajadores a ser más estables y responsables. Los colores más claros avivarán las actividades más mentales y físicas

COLORES VENTAJOSOS PARA NEGOCIOS

COLOR / TRABAJO	AZUL	VERDE	ROSA	ROJO	BLANCO	NEGRO/ GRIS	AMARILLO /BEIGE	PÚRPURA	OTROS
Firma Contable					Sí		Sí amarillo		
Oficina de gestor		Sí, verde oscuro		Sí	Sí	Sí			
Estudio de diseño	Sí	Sí							colores de los 5 elementos
Estudio de artista					Sí, todo blanco	Sí, todo negro			multicolor, colores brillantes
Bancos e inversiones	Sí	Sí			Sí		Sí		
Cía. de computación	Sí	Sí							
Cía. constructora		Sí			Sí	Sí			
Médico	Sí	Sí	Sí		Sí			Sí	
Creatividad	Sí celeste	Sí		Sí					multicolor
Cine, grabación o estudio de TV	Sí	Sí verde claro	Sí		Sí	Sí			
Abogado	Sí	Sí			Sí	Sí	Sí		
Biblioteca	Sí	Sí		Sí	Sí	Sí			
Comisaría					Sí				
Psicólogo					Sí				colores de los 5 elementos multicolor.
Editorial	Sí	Sí						Sí	
Inmobiliaria		Sí verde claro			Sí		Sí		
Cía. de software					Sí	Sí	Sí		
Firma comercial		Sí							
Escritor		Sí			Sí				muchos acentos

Las oficinas vienen en toda forma y color, pero existen algunos colores que pueden adecuarse más que otros al trabajo que se realice en ellas.

■■■

en la oficina. Lo mismo sucede para las tarjetas de negocios. Para un negocio nuevo, use el verde. Simboliza la primavera, la esperanza y el este, por donde sale el sol y aparecen los inicios auspiciosos.

Firma contable

Las oficinas de las firmas contables deberían ser blancas o amarillas —no se recomienda mucho colorido, para que los contadores puedan hacer sus cuentas con claridad, rapidez y precisión.

Oficina de intermediario

Debido a que este trabajo requiere pensar desde muchas perspectivas para vender libros o películas, el intermediario debe tener la mente clara. Las áreas del chyan y el kan del ba-gua representan la cabeza y oídos y se corresponden con los colores gris, negro y verde oscuro. Por consiguiente, estos colores son buenos: además se aconseja probar el blanco o rojo, o instalar un papel de pared a rayas negro y verde.

Negocio de artefactos y supermercado

Los negocios de artefactos deben ser blancos o de colores. Los supermercados también deben ser coloridos.

Estudio de arquitecto o diseñador

Si un arquitecto o diseñador desea desarrollar relaciones comerciales a largo plazo, sus oficinas deberían ser verdes o azules, o tener todos los colores de los cinco elementos. Con estos colores, sus cerebros funcionarán con eficiencia y rapidez: tendrán la mente abierta a ideas y a las necesidades de los clientes y podrán ayudar a otros con sus diseños.

Una diseñadora de interiores de Nueva York que contrata a un consultor en feng shui en la mayoría de sus proyectos diseñó sus oficinas usando todos los colores de los cinco elementos para fomentar los negocios y mejorar la producción de diseños y las relaciones internas. Para los pisos, usó un tinte verde. Lavó las paredes con ocre y en el cielo raso puso ladrillos blanqueados. Pintó las ventanas de color terracota y amuebló con mobiliario negro.

COLORES VENTAJOSOS PARA INTERIORES DE COMERCIOS

COLOR / NEGOCIO	AZUL	VERDE	ROSA	ROJO	BLANCO	NEGRO /GRIS	MARRÓN/ AMARILLO	OTROS
Almacén		Sí verde claro	Sí		Sí			
Apliques					Sí			Multicolor
Artículos de librería	Sí azúl claro	Sí verde claro	Sí		Sí			
Bar		Sí			Sí	Sí		Evitar el rojo
Computación		Sí verde claro			Sí			Multicolor
Consultorio de médium					Sí, todo blanco	Sí, todo negro		Multicolor
Estacionamiento	Sí azúl claro	Sí verde claro				Sí	Sí, amarillo claro	Colores brillantes
Farmacia	Sí azúl claro			Sí				
Funeraria	Sí azúl claro			Sí	Sí, todo blanco			
Galería de arte				Sí	Sí	Sí	Sí, amarillo claro	
Iluminación	Sí azúl claro	Sí verde claro	Sí		Sí			
Joyería	Sí			Sí	Sí			Evitar amarillo
Juguetería		Sí verde claro	Sí	Sí		Sí	Sí, amarillo claro	Multicolor
Lavadero de autos					Sí			
Librería	Sí	Sí					Sí, amarillo	
Muebles	Sí	Sí		Sí toques				
Música	Sí azúl claro	Sí todo verde		Sí todo rojo	Sí, todo blanco	Sí, todo negro		
Panadería					Sí, todo blanco			Multicolor
Restaurante	Sí	Sí						Multicolor, evitar rojo en comidas del mar
Ropa de hombres								Colores brillantes
Ropa de mujer	Sí azúl claro	Sí						Colores brillantes
Salón de belleza						Sí, blanco y negro		Multicolor
Supermercado					Sí	Sí gris	Sí, amarillo claro	Multicolor
Vídeo	Sí azúl claro	Sí verde claro	Sí rosa claro		Sí, todo blanco		Sí, amarillo	
Vinos	Sí azúl claro	Sí verde claro		Sí				
Zapatería					Sí	Sí gris	Sí marrón	Evitar negro con blanco

El color juega un papel fundamental en la definición de la atmósfera de cualquier tipo de negocio de venta directa, ya sea beneficiando o desalentando los negocios.

■ ■ ■

Galería de arte

El interior de una galería de arte puede ser blanco, rojo, rosa o amarillo claro, lo cual sugiere credibilidad y buen nombre.

Taller de artista

Para que las pinturas se destaquen, el taller de un artista puede ser todo blanco, todo negro, de colores brillantes o multicolor.

Panadería

Las panaderías deben dar sensación de limpieza, con interiores totalmente blancos o paredes multicolores.

Banco

Los Bancos y agencias de inversión conviene que sean blancos, simbolizando la incorruptibilidad, con toques verdes y azules para representar la seguridad y confianza.

La directora de un Banco de San Francisco describió el efecto del cambio de color de una pared en el interior de la sucursal. Originalmente, había una pintura que representaba un paisaje otoñal sobre paredes amarillas. Las cortinas y tapizados en color amarillo y marrón hacían juego con esta decoración. Todo esto creaba una pesada y sombría sensación; tanto el personal como los clientes tendían a entablar discusiones y a comportarse de manera temperamental e irracional. Después de hacer pintar una pared de verde, la sucursal comenzó a tener mucha actividad; los clientes ahora son más razonables, más tranquilos y abiertos a diferentes opiniones. El personal también se lleva mejor.

Salón de belleza

En un salón de belleza debe haber hermosos colores, de manera que el negro y blanco o el empleo de múltiples colores constituyen buenas elecciones. Alientan la creatividad y optimizan la búsqueda de modos de realzar los mejores rasgos físicos de cada cliente.

Librería

Las librerías deben ser verdes, azules o amarillas.

Lavadero de automóviles

Los lavaderos de automóviles deben ser blancos, para dar a los clientes impresión de limpieza.

Artículos de librería

Para permitir a los vendedores tener la mente clara, el negocio puede ser blanco, rosa, verde claro, azul claro o beige.

Negocio de indumentaria

Los interiores de los negocios donde se vende ropa de hombre deben ser brillantes. Los negocios de ropa de mujer deben ser brillantes o tener colores verdosos o azulados.

Compañía de computación

Para aumentar el optimismo y la actividad intelectual y creativa, use muchos colores, o el azul claro o verde claro.

Artículos de computación

En un negocio de artículos de computación, el empleo de una variedad de colores permitirá a los vendedores actuar con inteligencia y claridad. El rojo o el verde claro también son buenos colores.

Firma constructora

Para aumentar la inteligencia, las oficinas de una firma constructora deberían ser de color brillante, verde o blanco y negro.

Consultorio médico

Los consultorios médicos deberían ser principalmente blancos, el color de la limpieza y pureza. El despacho de un médico debe dar sensación de esperanza y vida con tonos muy claros, casi blancos: verde manzana, celeste o blanco con un tono de rosa.

Oficinas ejecutivas en campos de creatividad

Puede usarse el celeste, verde, púrpura, rojo o múltiples colores.

Estudio de cine, grabación o televisión

Los estudios de cine, grabación o televisión deberían ser totalmente blancos, totalmente negros, o de color verde claro, rosa o celeste.

Salón funerario

Los salones funerarios deben ser totalmente blancos, para simbolizar la paz y la tranquilidad; de color azul claro para representar el ascenso al cielo; o rojos, para purgar cualquier maldad y frustrar cualquier "evento extraño".

Mueblería

El mejor color para una mueblería es el verde, el color de la madera, el material del mobiliario fino. Otra combinación auspiciosa de colores se inspira en los árboles frutales, con verde por las hojas y rojo representando la fruta.

Almacén

Un almacén que se precie debería ser verde, rosa o blanco, para alentar la armonía de los trabajadores y simbolizar la limpieza.

Compañía de importación y exportación

Las firmas y profesionales comerciales deberían tener oficinas en tonos del verde o azul para aumentar los ingresos.

Joyería

Es conveniente evitar el amarillo en las joyerías.

Estudio de abogado

Las oficinas de un abogado deberían ser negras y blancas o amarillas y blancas para avivar las llamas de la elocuencia en las disputas en la corte. El negro representa al elemento agua, asociado con la sabiduría. El blanco es el color del metal, el elemento que se relaciona con la elocuencia, la justicia y el buen proceder. Para un estudio de abogados también se puede usar el verde o el azul, colores del elemento madera. En general, los salones de conferencias, las oficinas de abogados y los tribunales deben ser oscuros y solemnes, con colores como el negro, el blanco, el beige, el marrón, verde oscuro o azul. Los últimos tres colores alimentan el elemento fuego, que representa las discusiones.

Biblioteca

A fin de fomentar los pensamientos e interrogantes profundos en los lectores para que puedan investigar claramente todos los ángulos de un tema, las bibliotecas deben ser totalmente blancas, totalmente negras o de color verde claro, azul claro o rojo.

Iluminación

Con el objeto de crear la atmósfera adecuada para vender artefactos de iluminación, el blanco, rosa, verde claro y azul claro dan un aire de romance, esperanza y armonía. Mantener las luces encendidas contribuirá a las ventas.

Música

Un local de venta de música puede ser todo blanco, todo rojo, todo negro, todo azul o todo verde.

Estacionamiento

El interior de un estacionamiento o garaje debe ser muy luminoso para que los trabajadores y clientes puedan sentirse confiados y desalentar así las actividades delictivas. En este caso los mejores colores son el blanco, el verde claro, el azul o el amarillo.

Farmacia

La impresión de una farmacia debe ser limpia y pura. El azul claro dará esperanza a los clientes y el rosa simboliza progresar de la enfermedad a la felicidad.

Comisaría

El mejor color para las comisarías es el blanco, símbolo de la pureza y la incorruptibilidad. Conviene evitar los colores brillantes en la decoración.

Consultorio de médium

El consultorio de un médium debe ser todo blanco, todo negro o de múltiples colores.

Consultorio de psicólogo

El consultorio de un psicólogo puede ser blanco por la limpieza. De no ser así, puede ser multicolor, combinando armónicamente los colores de los cinco elementos, para que el terapeuta permanezca racional y mantenga su propio equilibrio.

Editorial

El mejor color para una editorial es el púrpura, en referencia al proverbio chino que dice que el púrpura es el color superior y que del púrpura surgen cosas buenas. El verde y el azul también son colores literarios positivos, ya que la madera es la fuente del papel.

Inmobiliaria

Debido a que los agentes inmobiliarios manejan ventas de tierras, el amarillo claro –un color de la tierra– es bueno para el lugar de trabajo, al igual que el blanco, que es el color del metal, el elemento que la tierra crea. El verde claro también va muy bien, porque la madera (el verde) potencia la tierra.

Restaurante

Los restaurantes pueden ser multicolores o pueden tener colores que den una sensación de conformidad y esperanza, como el verde o el azul. Hay que evitar el rojo en los restaurantes que venden pescados y mariscos. El rojo es el color de los mariscos cocidos –muertos– y esto sugiere que el negocio fracasará. El verde, el color de los mariscos vivos, va muy bien. Ningún bar debería ser rojo, ya que es un color que puede inspirar alborotos. El blanco, el negro y el verde son mejores colores. Lin Yun también recomienda colores brillantes afuera. Alternativamente, el nombre del restaurante puede hacerse con cuentas brillantes de colores llamativos que se iluminen con la luz solar y atraigan clientes. Los interiores de los restaurantes deben alentar el apetito estimulando nuestro chi. "Si entramos en un restaurante y se interpone en nuestro camino algo como una pared, cuando llegamos a la mesa quizá ya no tengamos hambre. Perdemos el apetito y no nos sentimos con ganas de comer." La elección más acertada consiste en colores que estimulen los ojos y, por consiguiente, las papilas gustativas, ya que crean una sensación de satisfacción. Entre éstos el rojo y el verde son los mejores, aunque conviene emplearlos con algunos toques de otros colores vivos, así, cuando los comensales ingresan en el restaurante experimentan una especial sensación de confortabilidad.

Zapatería

Las zapaterías pueden usar tonos del negro (gris) o marrón. Hay que evitar combinar el negro con el blanco, los colores del luto. Combinar el blanco con el rojo es una buena alternativa para una zapatería.

Compañía de software

Para crear un ambiente adecuado para pensar con claridad y trabajar con rapidez, el blanco, beige o gris agudizarán y despertarán las mentes de los trabajadores, además de aumentar la inteligencia e intelectualidad.

Supermercado

Los supermercados pueden transmitir armonía y limpieza con el empleo del amarillo claro, el gris o el blanco. Deben estar bien iluminados.

Juguetería

Las jugueterías pueden ser de color blanco, rosa, verde claro, amarillo claro o multicolores.

Negocio de vídeo

El blanco, rosa, azul, verde o amarillo como único color representan una buena elección para los locales de vídeo.

Venta de vinos

Los negocios de vinos deberían usar el color que represente la imagen agradable del vino. El verde claro y el azul claro van muy bien para este fin. El rosa simboliza lo romántico y representa el goce de "la buena vida".

Estudio de escritor

El estudio de un escritor debería pintarse de una tonalidad del verde o blanco, con muchos acentos de color para estimular los pensamientos, las ideas y la creatividad.

 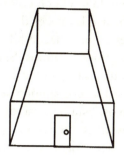

Las mejores formas de cuartos son el octágono, rectángulo, círculo o cuadrado.

■ ■ ■

• *El diagrama de colores de los cinco elementos en los interiores de los lugares de trabajo* •

El diagrama de colores de los cinco elementos puede aplicarse a los sitios de trabajo. Por ejemplo, una joven abrió un café y casa de té en 1988 en San Francisco, aplicando el ciclo creativo de los cinco elementos en las paredes. Pintó la parte inferior de la pared de color negro, por el agua, la parte media de verde, por la madera y la parte superior de rojo, por el fuego, creando así la secuencia del agua que nutría la madera y la madera que alimentaba el fuego. No caben dudas de que su negocio se ha afirmado y es en la actualidad una atracción en el distrito financiero.

• *Educación: Escuelas* •

Los colores de las escuelas no deben ser ni sombríos ni monótonos, para evitar que los estudiantes se aburran. El ambiente más importante para el aprendizaje es la clase: los maestros y arquitectos que diseñan las escuelas deben prestar especial atención a los colores de los interiores. Por ejemplo, si todos los escritorios y sillas son marrones, la educación del niño puede ser rígida. En las clases, este efecto del marrón puro puede compensarse pintando las paredes con colores más alegres.

Cuando se eligen colores para un salón de clase, primero deben identificarse las necesidades particulares de los estudiantes. Los diferentes colores hacen aflorar lo mejor y cultivan las mentes de diferentes tipos de niños. Si la escuela es para niños normales, se recomienda usar un color de pared solemne y pacífico al mismo tiempo, casi blanco, aunque se recomienda agregar toques de colores más vivos. Esta decoración creará estabilidad en la clase, alentando algunas ideas inteligentes y creativas. Si la escuela es para estudiantes con necesidades especiales, tales como niños con discapacidades físicas o mentales, son mejores los colores más vivos. Esto influencia a los niños estimulando el cerebro y permitiéndoles mejorar lentamente su actividad mental y física. El verde es un color particularmente bueno en una clase para niños con necesidades especiales, ya que trae pensamientos de primavera: el color del nuevo crecimiento. "A los niños les encanta el verde porque les penetra en los ojos, les atraviesa el cerebro y les hace pensar en la primavera. Les hará sentirse vivos, con una floreciente sensación de nuevas posibilidades." Se recomiendan los colores brillantes para los niños con el síndrome de Down o incapacidades mentales. El rojo es un color particularmente estimulante. No obstante, no hay que abusar mucho del rojo con un niño normal, ya que puede volverse ansioso o propenso a discutir y pelear. Para el niño rebelde, se recomiendan los colores oscuros, como el verde o azul oscuros. También se consigue

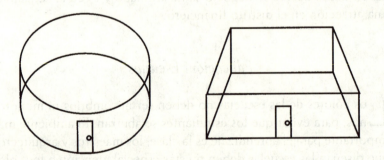

Estas formas regulares dan al ocupante de la habitación una sensación de totalidad.

∎∎∎

Rueda de colores del Ba-gua de los cinco elementos

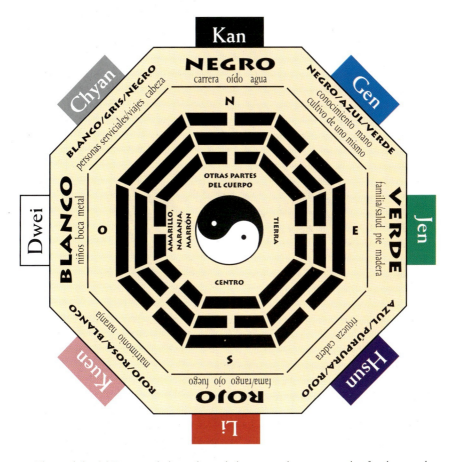

El mandala del Ba-gua de los colores de los cinco elementos resulta fundamental al emplear los colores en el feng shui. Este mandala, un octágono místico que incorpora los ocho trigramas del I Ching y los colores de los cinco elementos, puede aplicarse sobre un terreno, una construcción, un cuarto o una persona.
El octágono es un mapa de ocho circunstancias de la vida con sus correspondientes colores, partes del cuerpo y direcciones cardinales. La novena dirección —el centro— se asocia con el elemento tierra, el amarillo y todas las partes del cuerpo que carecen de otras correspondencias. Si bien el mandala de colores tiene infinitos usos, el concepto que sustenta cada aplicación es siempre el mismo: superponer el octágono sobre un cuarto, un cuerpo o lo que fuere. Es posible mejorar la suerte aplicando un color adecuado en la ubicación justa.

■ ■ ■

El feng shui en exteriores

Los colores del frente de una casa o edificio pueden mejorar la suerte de sus habitantes. El mobiliario exterior, los marcos de las ventanas y las plantas logran incrementar e intensificar el efecto. No obstante, hay que evitar marcos y bastidores de ventanas del mismo color. En esta fotografía de una casa sencilla, la presencia de todos los colores de los cinco elementos —rojo, amarillo, verde, blanco y negro— crea una totalidad: una expresión dinámica de los cinco elementos del universo. Las flores y los muebles de jardín son estacionales en el norte: en invierno, la silla amarilla puede reemplazarse por un banco de madera marrón (un color correspondiente a la tierra) y las petunias rosas y rojas por acebos reales o artificiales con frutos rojizos.

■■■

EL FENG SHUI EN EXTERIORES

La intención e impresión subjetivas también juegan un papel importante al determinar si un diagrama de colores resulta auspicioso. En este frente, el diseño y yuxtaposición del color crean una imagen potente. La ubicación de un vidrio transparente en el centro de la puerta, rodeado de otros azules y amarillos enmarcados en color celeste, crea la sensación de que la casa es como un sol que irradia energía. Existen sutiles distinciones en la elección del vidrio. El vidrio indica sofisticación y profundidad de carácter. El vidrio transparente es ordinario; el vidrio de color da sensación de mayor profundidad. El vidrio de color grabado al aguafuerte expresa una sofisticación aún mayor. Cuanto más elaborado sea el vidrio de color, más refinado y profundo será el efecto.

■■■

El feng shui en interiores

Para las cocinas, el blanco es el mejor color. Hace resaltar los colores de la comida, como una tela blanca sobre la cual el cocinero crea una comida de tomates rojos, ajíes verdes y un refresco amarillo. Además de ser el color de la pureza y la limpieza, el blanco —el color del metal— es compatible con el elemento básico de la cocina: el fuego (el fuego triunfa sobre el metal).

El feng shui en interiores

Los colores con que pintamos nuestra casa y nuestro espacio de trabajo afecta a nuestras energías personales. Ciertos colores nos energizan, nos relajan o nos deprimen. Este cuarto de juego es brillante, con muchos colores que estimulan la mente joven y ayudan a los pequeños a crecer y desarrollarse. El verde es un color especialmente bueno para los niños, ya que los hace sentirse vivos, floreciendo con una sensación de nuevas posibilidades.

■ ■ ■

EL COLOR Y LA ROPA

Al aplicarse a la vestimenta, el ciclo creativo de los cinco elementos y el ciclo destructivo de los cinco elementos son dos formas de elevar simbólicamente el chi de la persona. El ciclo creativo de los cinco elementos comienza desde abajo —con los zapatos o el borde de los pantalones o la falda— y se despliega hacia arriba. En la fotografía proporcionamos cinco combinaciones diferentes de ciclos creativos de cuatro colores, los que deben leerse de abajo hacia arriba. La fotografía ilustra la combinación de la derecha, a la izquierda: Las medias grises y los zapatos negros simbolizan el agua, que alimenta a la madera, representado por los pantalones azules (o verdes); el azul, a su vez, alimenta el fuego, representado por la camisa rosa; la corbata amarilla simboliza la tierra, el elemento creado por el fuego.

■ ■ ■

El color y la ropa

ESQUEMA DEL CICLO DESTRUCTIVO DEL COLOR

▼
AMARILLO/NARANJA/MARRÓN
NEGRO/GRIS
ROSA/ROJO
BLANCO

▼
AZUL/VERDE
AMARILLO/NARANJA/MARRÓN
NEGRO/GRIS
ROJO/ROSA

▼
NEGRO/GRIS
ROJO/ROSA
BLANCO
AZUL/VERDE

▼
BLANCO
AZUL/VERDE
AMARILLO/NARANJA/MARRÓN
NEGRO/GRIS

▼
ROJO/ROSA
BLANCO
AZUL/VERDE
AMARILLO/NARANJA/MARRÓN

A pesar de su nombre, el ciclo destructivo de los cinco elementos representa una técnica igualmente efectiva para elevar el chi de la persona. Comienza en la parte superior del cuerpo y avanza hacia abajo. En la fotografía, mostramos cinco combinaciones diferentes del ciclo destructivo con cuatro colores, que deben interpretarse de arriba hacia abajo. En la fotografía ilustramos la combinación de la derecha, abajo: un atuendo formado por un pañuelo y chaqueta roja (que simbolizan el fuego), seguida de una blusa blanca (el fuego derrite el metal), una falda azul (el metal derriba la madera), medias color tostado y zapatos marrones (la madera remueve la tierra).

■ ■ ■

Los alimentos y la salud

TABLA DE COLORES DE LA SALUD Y LA ALIMENTACIÓN

ELEMENTO	COLOR	ÓRGANO	ALIMENTOS	TOQUES DE COLOR
Fuego	Rojo	Corazón	Camarones, pimientos rojos, tomates, langostas	Azul/verde/amarillo naranja/tostado
Tierra	Amarillo/naranja/ tostado	Bazo	Huevos, calabaza, pimienta de la India, zanahorias	Rojo, blanco
Metal	Blanco	Pulmones	Escalopes, clara de huevo, pescado, pollo	Amarillo/naranja/ tostado/negro marrón oscuro
Agua	Negro/ marrón oscuro	Riñones	Porotos negros, carne, cordero, salsa de soja, berenjenas	Blanco/verde/azul
Madera	Verde/azul	Hígado	Arvejas, chalotes, espinaca, apio, repollo	Negro marrón oscuro/rojo

En lo que a alimentos se refiere, los chinos han usado el color tanto como una técnica curativa como estimulante del apetito. Para los restaurantes, el empleo adecuado del color (¡también en la presentación de los platos!) puede contribuir al éxito del negocio. La tabla de alimentos de los cinco elementos de la fotografía no sólo es una guía para presentar en forma atractiva los alimentos sino un método complementario de la curación. La fotografía muestra una comida apetitosa y una forma de ayudar en problemas del corazón. El rojo de los langostinos y los pimientos tienen correspondencia con el fuego —el elemento alineado con el corazón— y el brócoli verde y la vaporera color tostado representan la madera, que alimenta al fuego, y la tierra, que es creada por el fuego.

■■■

Rueda de colores del Ba-gua de los cinco elementos

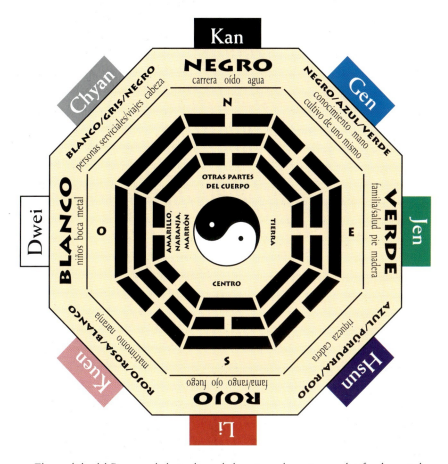

El mandala del Ba-gua de los colores de los cinco elementos resulta fundamental al emplear los colores en el feng shui. Este mandala, un octágono místico que incorpora los ocho trigramas del I Ching y los colores de los cinco elementos, puede aplicarse sobre un terreno, una construcción, un cuarto o una persona.

El octágono es un mapa de ocho circunstancias de la vida con sus correspondientes colores, partes del cuerpo y direcciones cardinales. La novena dirección —el centro— se asocia con el elemento tierra, el amarillo y todas las partes del cuerpo que carecen de otras correspondencias. Si bien el mandala de colores tiene infinitos usos, el concepto que sustenta cada aplicación es siempre el mismo: superponer el octágono sobre un cuarto, un cuerpo o lo que fuere. Es posible mejorar la suerte aplicando un color adecuado en la ubicación justa.

El feng shui en exteriores

Los colores del frente de una casa o edificio pueden mejorar la suerte de sus habitantes. El mobiliario exterior, los marcos de las ventanas y las plantas logran incrementar e intensificar el efecto. No obstante, hay que evitar marcos y bastidores de ventanas del mismo color. En esta fotografía de una casa sencilla, la presencia de todos los colores de los cinco elementos —rojo, amarillo, verde, blanco y negro— crea una totalidad: una expresión dinámica de los cinco elementos del universo. Las flores y los muebles de jardín son estacionales en el norte: en invierno, la silla amarilla puede reemplazarse por un banco de madera marrón (un color correspondiente a la tierra) y las petunias rosas y rojas por acebos reales o artificiales con frutos rojizos.

■ ■ ■

El feng shui en exteriores

La intención e impresión subjetivas también juegan un papel importante al determinar si un diagrama de colores resulta auspicioso. En este frente, el diseño y yuxtaposición del color crean una imagen potente. La ubicación de un vidrio transparente en el centro de la puerta, rodeado de otros azules y amarillos enmarcados en color celeste, crea la sensación de que la casa es como un sol que irradia energía. Existen sutiles distinciones en la elección del vidrio. El vidrio indica sofisticación y profundidad de carácter. El vidrio transparente es ordinario; el vidrio de color da sensación de mayor profundidad. El vidrio de color grabado al aguafuerte expresa una sofisticación aún mayor. Cuanto más elaborado sea el vidrio de color, más refinado y profundo será el efecto.

■■■

El feng shui en interiores

Para las cocinas, el blanco es el mejor color. Hace resaltar los colores de la comida, como una tela blanca sobre la cual el cocinero crea una comida de tomates rojos, ajíes verdes y un refresco amarillo. Además de ser el color de la pureza y la limpieza, el blanco —el color del metal— es compatible con el elemento básico de la cocina: el fuego (el fuego triunfa sobre el metal).

El feng shui en interiores

Los colores con que pintamos nuestra casa y nuestro espacio de trabajo afecta a nuestras energías personales. Ciertos colores nos energizan, nos relajan o nos deprimen. Este cuarto de juego es brillante, con muchos colores que estimulan la mente joven y ayudan a los pequeños a crecer y desarrollarse. El verde es un color especialmente bueno para los niños, ya que los hace sentirse vivos, floreciendo con una sensación de nuevas posibilidades.

■ ■ ■

El color y la ropa

Al aplicarse a la vestimenta, el ciclo creativo de los cinco elementos y el ciclo destructivo de los cinco elementos son dos formas de elevar simbólicamente el chi de la persona. El ciclo creativo de los cinco elementos comienza desde abajo —con los zapatos o el borde de los pantalones o la falda— y se despliega hacia arriba. En la fotografía proporcionamos cinco combinaciones diferentes de ciclos creativos de cuatro colores, los que deben leerse de abajo hacia arriba. La fotografía ilustra la combinación de la derecha, a la izquierda: Las medias grises y los zapatos negros simbolizan el agua, que alimenta a la madera, representado por los pantalones azules (o verdes); el azul, a su vez, alimenta el fuego, representado por la camisa rosa; la corbata amarilla simboliza la tierra, el elemento creado por el fuego.

■ ■ ■

El color y la ropa

ESQUEMA DEL CICLO DESTRUCTIVO DEL COLOR

▼
AMARILLO/NARANJA/MARRÓN
NEGRO/GRIS
ROSA/ROJO
BLANCO

▼
AZUL/VERDE
AMARILLO/NARANJA/MARRÓN
NEGRO/GRIS
ROJO/ROSA

▼
NEGRO/GRIS
ROJO/ROSA
BLANCO
AZUL/VERDE

▼
BLANCO
AZUL/VERDE
AMARILLO/NARANJA/MARRÓN
NEGRO/GRIS

▼
ROJO/ROSA
BLANCO
AZUL/VERDE
AMARILLO/NARANJA/MARRÓN

A pesar de su nombre, el ciclo destructivo de los cinco elementos representa una técnica igualmente efectiva para elevar el chi de la persona. Comienza en la parte superior del cuerpo y avanza hacia abajo. En la fotografía, mostramos cinco combinaciones diferentes del ciclo destructivo con cuatro colores, que deben interpretarse de arriba hacia abajo. En la fotografía ilustramos la combinación de la derecha, abajo: un atuendo formado por un pañuelo y chaqueta roja (que simbolizan el fuego), seguida de una blusa blanca (el fuego derrite el metal), una falda azul (el metal derriba la madera), medias color tostado y zapatos marrones (la madera remueve la tierra).

■■■

Los alimentos y la salud

TABLA DE COLORES DE LA SALUD Y LA ALIMENTACIÓN

ELEMENTO	COLOR	ÓRGANO	ALIMENTOS	TOQUES DE COLOR
Fuego	Rojo	Corazón	Camarones, pimientos rojos, tomates, langostas	Azul/verde/amarillo naranja/tostado
Tierra	Amarillo/naranja/ tostado	Bazo	Huevos, calabaza, pimienta de la India, zanahorias	Rojo, blanco
Metal	Blanco	Pulmones	Escalopes, clara de huevo, pescado, pollo	Amarillo/naranja/ tostado/negro marrón oscuro
Agua	Negro/ marrón oscuro	Riñones	Porotos negros, carne, cordero, salsa de soja, berenjenas	Blanco/verde/azul
Madera	Verde/azul	Hígado	Arvejas, chalotes, espinaca, apio, repollo	Negro marrón oscuro/rojo

En lo que a alimentos se refiere, los chinos han usado el color tanto como una técnica curativa como estimulante del apetito. Para los restaurantes, el empleo adecuado del color (¡también en la presentación de los platos!) puede contribuir al éxito del negocio. La tabla de alimentos de los cinco elementos de la fotografía no sólo es una guía para presentar en forma atractiva los alimentos sino un método complementario de la curación. La fotografía muestra una comida apetitosa y una forma de ayudar en problemas del corazón. El rojo de los langostinos y los pimientos tienen correspondencia con el fuego —el elemento alineado con el corazón— y el brócoli verde y la vaporera color tostado representan la madera, que alimenta al fuego, y la tierra, que es creada por el fuego.

■ ■ ■

un efecto tranquilizante en este tipo de niños usando pasteles, como el verde pálido, el azul claro o el gris. Hay que evitar los colores brillantes, como el rojo.

• *Formas de cuartos y casas* •

El color también puede usarse para resolver el problema de una casa o cuarto de forma extraña. Según los chinos, las formas normales –octagonal, cuadrada, rectangular o circular– van bien, pero si a una construcción o un cuarto le "falta" un área, el área correspondiente del ba-gua faltará también en las vidas de los moradores. Para determinar si la forma es un agregado o una faltante, primero hay que observar la ele de la estructura. Si la ele es más pequeña que la mitad del ancho o largo del cuarto o casa, se considera un agregado, lo cual creará un activo en la vida de los habitantes. Si la ele es más grande que la mitad del ancho o largo crea una forma negativa. Como vimos con las formas de los terrenos (véase página 88), el diagrama de colores del ba-gua de los cinco elementos puede superponerse sobre la forma para ayudar a armonizar un cuarto o casa con diseño raro. Por ejemplo, si en el cuarto principal falta la esquina derecha, o sea el área del matrimonio, la pareja puede descubrir que no existe matrimonio (véase el dibujo que sigue). Este problema puede rectificarse aplicando color al cuarto. En este caso, agregar algo rojo o rosa mejorará el área del matrimonio aportando armonía a la relación. Una mujer en Nueva York quería mejorar su vida social y colgó una cinta roja en el área del matrimonio de su cuarto, al que le faltaba una esquina, y comenzó a salir con un joven regularmente.

Los octágonos y hexágonos son formas afortunadas. El hexágono puede mejorarse aún más si pone plantas o una secuencia de objetos de seis colores en cada esquina, en este orden: blanco, rojo, amarillo, verde, azul y negro (véase el dibujo de la página 134).

• *El diagrama de colores de los cinco elementos* •

El diagrama de colores de los cinco elementos es una secuencia vertical de colores que puede aplicarse a cualquier habitación para mejorar el chi o el feng shui. Los diez diagramas auspiciosos de colores están basados en el ciclo creativo de los cinco elementos y en el ciclo destructivo de los cinco elementos. Estos ciclos se aplican al plano vertical de una casa o cuarto. A pesar de las implicaciones negativas del nombre, el diagrama destructivo de colores es tan positivo como el diagrama creativo. Ambos simbolizan el proceso

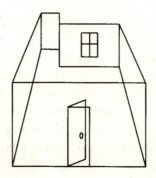

Cuando se aplica el ba-gua de los cinco elementos a un cuarto de forma irregular, toda área más pequeña que el ancho o largo del cuarto se considerará un agregado (arriba), mientras que toda área más grande creará un déficit (dibujo que sigue).

■ ■ ■

El color puede curar un área faltante: si a un cuarto le falta el área del matrimonio puede resolverse con el agregado de algo rosa, rojo o blanco.

■ ■ ■

natural de cambio cíclico constante y, por ende, sirven para incorporarnos simbólicamente dentro de él. Como consecuencia del juego mutuo entre el yin y el yang, los dos procesos físicos de destrucción y creación simbolizan manifestaciones diferentes del chi y el concepto de repetición eterna. Un cuarto que contiene el ciclo de colores de los cinco elementos –sea creativo o destructivo– se transforma en un microcosmos simbólicamente cargado del progreso y proceso cíclico del universo.

El ciclo creativo

Si se desea emplear el diagrama de colores del ciclo creativo de los cinco elementos, hay que comenzar al nivel del piso o alfombra. Intentemos ejemplificar partiendo de la base de que se eligió el color rojo. Como el rojo corresponde al elemento fuego, el siguiente co-

CICLO CREATIVO DE LOS CINCO ELEMENTOS - TRES COLORES					
CIELO RASO	Gris/negro (agua)	Azul/verde (madera)	Blanco (metal)	Rosa/rojo (fuego)	Beige/amarillo (tierra)
PAREDES	Blanco (metal)	Gris/negro (agua)	Beige/amarillo (tierra)	Azul/verde (madera)	Rosa/rojo (fuego)
PISO ↑	Marrón/beige (tierra)	Blanco (metal)	Rosa/rojo (fuego)	Gris/negro (agua)	Azul/verde (madera)

CICLO CREATIVO DE LOS CINCO ELEMENTOS - CINCO COLORES					
CIELO RASO	Rosa/rojo (fuego)	Tostado/marrón naranja/amarillo (tierra)	Blanco (metal)	Gris/negro (agua)	Azul/verde (madera)
CORTINAS	Azul/verde (madera)	Rosa/rojo (fuego)	Tostado/marrón naranja/amarillo (tierra)	Blanco (metal)	Gris/negro (agua)
PAREDES	Gris/negro (agua)	Azul/verde (madera)	Rosa/rojo (fuego)	Tostado/marrón naranja/amarillo (tierra)	Blanco (metal)
MUEBLES	Blanco (metal)	Gris/negro (agua)	Azul/verde (madera)	Rosa/rojo (fuego)	Tostado/marrón naranja/amarillo (tierra)
PISO ↑	Tostado/marrón naranja/amarillo (tierra)	Blanco (metal)	Gris/negro (agua)	Azul/verde (madera)	Rosa/rojo (fuego)

lor tendrá que corresponderse con el elemento que es creado por el fuego: la tierra. Así, la pared (en sentido ascendente) puede ser amarilla o beige. El cielo raso, entonces, debería pintarse de un color que coincida con el elemento que crea la tierra: el metal. Por lo tanto, ha de ser blanco. De esta manera, la habitación simboliza el fuego que crea la tierra que, a su vez, contiene el metal. En las tablas se ilustran los otros diagramas de colores creativos.

Al aplicar los colores del ciclo creativo o destructivo, podemos tomarnos la libertad de usar los tonos y matices de nuestra preferencia y que estéticamente se complementen.

Un diagrama de colores del ciclo creativo de los cinco elementos para un dormitorio puede diseñarse así: alfombra verde, papel de pared color rosa y cielo raso beige. Otro podría ser: una alfombra color trigo, paredes blancas y cielo raso gris claro. Si el cielo raso es bajo, agregamos un espejo en la pared.

CICLO DESTRUCTIVO DE LOS CINCO ELEMENTOS - TRES COLORES					
CIELO RASO	Blanco (metal)	Azul/verde (madera)	Beige/amarillo (tierra)	Gris/negro (agua)	Rojo/rosa (fuego)
PAREDES	Azul/verde (madera)	Beige/amarillo (tierra)	Gris/negro (agua)	Rojo/rosa (fuego)	Blanco (metal)
PISO ↓	Marrón/tostado (tierra)	Gris/negro (agua)	Rosa/rojo (fuego)	Blanco (metal)	Azul/verde (madera)

CICLO DESTRUCTIVO DE LOS CINCO ELEMENTOS - CINCO COLORES					
CIELO RASO ↓	Tostado/marrón naranja/amarillo (tierra)	Gris/negro (agua)	Rosa/rojo (fuego)	Blanco (metal)	Azul/verde (madera)
CORTINAS	Gris/negro (agua)	Rosa/rojo (fuego)	Blanco (metal)	Azul/verde (madera)	Tostado/marrón naranja/amarillo (tierra)
PAREDES	Rosa/rojo (fuego)	Blanco (metal)	Azul/verde (madera)	Tostado/marrón naranja/amarillo (tierra)	Gris/negro (agua)
MUEBLES	Blanco (metal)	Azul/verde (madera)	Tostado/marrón naranja/amarillo (tierra)	Gris/negro (agua)	Rosa/rojo (fuego)
PISO	Azul/verde (madera)	Tostado/marrón naranja/amarillo (tierra)	Gris/negro (agua)	Rosa/rojo (fuego)	Blanco (metal)

Los diagramas de colores del ciclo creativo y destructivo (tablas anteriores) son símbolos verticales del juego dinámico que se establece entre el cielo, la tierra y el hombre, y pueden usarse para energizar cualquier cuarto.

■ ■ ■

El ciclo destructivo

Si se desea aplicar el diagrama de colores del ciclo destructivo de los cinco elementos, hay que comenzar desde la parte superior —el cielo raso— y elegir un color, por ejemplo, el blanco. Luego hay que aplicar a la pared el color que el blanco, o sea el metal, destruye. En este caso es el verde o azul, que representan la madera. Luego se coloca una alfombra o se pinta el piso del color que la madera destruye, o sea marrón o tostado, el color de la tierra. En las tablas, se ilustran otras secuencias destructivas.

• Cortinas y tapizados •

Hay una serie de maneras de elegir los colores en este caso: se puede aplicar la secuencia del cielo, el hombre y la tierra, el diagrama de colores de los cinco elementos o los colores que se adapten al chi de los habitantes. Si se intenta el primer método, el cielo raso simboliza el cielo y el piso representa la tierra. Las paredes, ventanas y muebles se consideran dentro del dominio del hombre y por consiguiente deben ser de la familia del color de las paredes. Por ejemplo, si la pared es amarilla —elemento tierra— los muebles o cortinas pueden ser marrones o naranjas. Pero los muebles también pueden asociarse con la tierra, porque se apoyan sobre el piso. En tal caso, si el piso es rojo, entonces los muebles pueden ser de color rosa o púrpura rojizo, o cualquier color de la familia de los rojos.

Las cortinas y persianas deben combinarse con el color del cielo raso, pared o piso, dependiendo de si se desea asociarlos con el cielo, el hombre o la tierra.

Otra forma de realzar y avivar un cuarto es usar el diagrama de colores de los cinco elementos para elegir el color de los tapizados y cortinas. Las cortinas y muebles pueden considerarse como partes separadas en el diagrama de colores de los cinco elementos. La secuencia es la siguiente: pisos, muebles, paredes, cortinas y cielo raso, o al revés. Obsérvese que el mobiliario crea un color dentro de este diagrama: debe ser monocromático.

Si el cuarto no sigue el orden de los cinco elementos, entonces pueden elegirse colores que se adapten al chi de los habitantes. Si los residentes han sufrido una racha de mala suerte o serios problemas de salud, se recomienda decorarlo con colores brillantes. Si sus vidas son inestables e inciertas, los colores más oscuros estabilizarán su entorno y sus vidas.

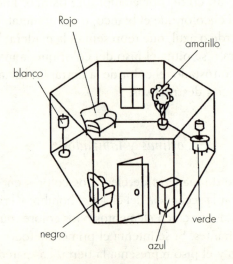

Los seis colores verdaderos pueden mejorar un cuarto hexagonal: ubique objetos de color en la siguiente secuencia en cada esquina: blanco, rojo, amarillo, verde, azul y negro.

■■■

• Curas místicas para restablecer y mejorar la buena suerte dentro del hogar •

Puede emplearse el color en la forma de curas místicas con el fin de restablecer o aumentar la buena suerte dentro del hogar. Los chinos ven la suerte de una casa como un continuo y, por esta razón, cuando se está buscando una propiedad es importante tratar de ubicar un lugar donde los anteriores residentes se hayan desarrollado, hayan sido felices y de donde se hayan ido para prosperar. Los chinos evitan las casas con "mala suerte", ya que temen estar metiéndose en los zapatos de los dueños anteriores y sufrir el mismo destino. De manera que hay que tener cuidado con las oportunidades. Si una casa o negocio parece presentarse como un buen negocio, conviene investigar su historia. La mala suerte puede ser motivo del bajo precio.

¿Pero qué hacer si alguien se está por mudar a una casa cuyo anterior ocupante haya sufrido alguna clase de mala suerte: muerte, un accidente, pérdidas económicas, problemas de empleo, bancarrota o divorcio? Es posible aplicar una cura mística a una casa que tenga una historia desafortunada usando *la cura del sellado de la puerta* (véase la página 196). Esta cura también puede usarse para evitar robos o para purgar la atmósfera de incertidumbre después de producido un hurto. También puede aplicarse a un cuarto.

Independientemente de la suerte corrida por una casa, la costumbre china es que cada nuevo ocupante realice un ritual místico de protección de la casa para establecer la propiedad (véase la página 197). Esta protección de la casa en las comunidades chinas puede abarcar desde una fiesta elaborada y la danza del león para celebrar la apertura de un Banco hasta el lanzamiento de fuegos artificiales para la apertura de un negocio o restaurante. Esta última costumbre sirve para curar un sitio de la mala suerte, al mismo tiempo que atrae la atención fomentando las ventas.

Las *curas verdes* con plantas se usan generalmente en la decoración interior para mejorar problemas de salud, así como para soluciones del feng shui. Se piensa que las plantas son conductoras de un buen chi nutritivo dentro de un lugar. El verde de las hojas evoca la primavera, la vida y el crecimiento, aun cuando la persona que aplica la cura elija usar plantas artificiales hechas de seda o plástico. Dentro de una casa, oficina, negocio u hospital, las plantas verdes evocan serenidad y los poderes restauradores de la naturaleza.

Es importante la ubicación que se da a las plantas. Pueden ser usadas para ocultar o suavizar una columna de esquinas filosas o un ángulo que malogra un cuarto. Para hacer circular el chi en un cuarto de forma caprichosa que tiene un ángulo agudo, ubique la planta dentro de ese ángulo. Para dispersar el chi expuesto a corrientes, por ejemplo cuando la línea de una ventana coincide con dos puertas y crea un efecto de túnel, se recomienda colocar una planta en la ventana o entre la puerta y la ventana para ayudar a encauzar y hacer circular el flujo de energía.

La ubicación de plantas también puede determinarse basándose en el ba-gua: pueden instalarse plantas para resolver un área faltante del ba-gua o para realzar un área en particular. Por ejemplo, si se desea mejorar las finanzas, quizá se puede optar por colocar una planta saludable en el área de la riqueza de su casa u oficina.

En el capítulo 10, dedicado al tema de *Curas místicas y prácticas sanadoras*, ofrecemos *curas verdes* específicas que se valen de la energía y vitalidad de las plantas.

Suelen usarse objetos brillantes o refractivos de la luz, tales como espejos, bolas de cristal y luces, para resolver una multitud de problemas de feng shui. Dentro de una casa u oficina, los espejos pueden incorporar buenas vistas de jardines o de agua, mejorando el chi y la iluminación interior. Pueden equilibrar cuartos de formas no convencionales.

Las bolas de cristal facetado colgadas en un área que recibe luz solar transforman la luz con su poder prismático en un arco iris de colores refractados. Se usan simbólicamente para mejorar el flujo del chi en una casa y, por ende, en las vidas de los residentes. Estos objetos se emplean para traer a la vida espacios muertos y para convertir el fuerte y amenazador chi en energía nutritiva positiva.

La iluminación puede mejorar el chi de un interior: la luz es una de las nueve curas básicas del feng shui. El principio básico es que cualquier color o tipo de luz puede usarse en cualquier ubicación de la casa u oficina, siempre que los moradores se sientan a gusto. Las lámparas interiores son simbólicas del sol y su energía y enriquecen el chi interior. Una cura especial es la de iluminación del ba-gua de los cinco elementos y se emplea para fortalecer un área determinada de la vida que se relaciona con el ba-gua. Las luces han de ser muy brillantes, aunque no es necesario tenerlas encendidas todo el tiempo. Se pueden usar lamparillas de colores para reforzar la cura. Un ejemplo sería la iluminación roja usada en el área de la fama para aumentar la reputación.

Al combinarse, todas estas maneras de usar el color para asegurarse la salud, el éxito y la prosperidad se potenciarán unas a otras y crearán un medio de vida y trabajo abundante, lleno de fuerza vital que fluirá sin impedimentos. Un oftalmólogo en La Jolla, California, demostró el poder de usar los colores de los cinco elementos para coordinar su diagrama de colores. El negocio iba lento, pero siguiendo el consejo de un amigo agregó nueve plantas verdes en su sala de espera –para aportar vida y vitalidad– y colgó un cristal grande que refractaba los colores rojo, naranja, amarillo, verde índigo, azul y púrpura en todo el consultorio. Pronto prosperó su negocio y abrió un segundo consultorio en San Diego, que pintó con colores inspirados tanto en el ba-gua de los cinco elementos como en el ciclo creativo de los cinco elementos. Primero identificó el color y elemento asociado con el ojo en el ba-gua: rojo y fuego. Luego pintó las paredes color durazno, una tonalidad pastel del rojo. Colocó una alfombra verde –la madera (verde) alimenta el fuego (rojo). Por último, pintó el cielo raso de beige –el fuego crea la tierra– completando el ciclo creativo de los cinco elementos.

Capítulo seis:

LA VESTIMENTA: EL USO DEL COLOR PARA INFLUENCIAR EL MUNDO EXTERIOR

Desde poco después de nacer hasta que morimos, nos vestimos de colores. El color de la ropa que llevamos expresa e influencia nuestro chi, deprimiendo nuestro humor o avivando nuestras energías, inquietándonos u otorgándonos una sensación de paz, desgastando nuestra salud o vigorizándola. El empleo del color en la vestimenta para influenciar nuestro mundo interno –la personalidad y la salud– se detalla en el capítulo 9, que está dedicado al chi. Pero el color de nuestra vestimenta también ejerce un impacto en el espectador, en aquellos con quienes interactuamos en los asuntos diarios y en ocasiones especiales. Es este impacto sobre el mundo externo, el mundo del amor y el trabajo, lo que nos ocupa aquí. Los colores son sumamente simbólicos, y determinados matices complementarán ciertas profesiones y contribuirán o entorpecerán la persecución de nuestras metas y aspiraciones.

Claro que debe considerarse el estado de nuestro chi como factor importante al examinar los efectos del color de la vestimenta en nuestro medio. Cuánto nos afecta el color es algo que difiere de individuo en individuo. La manera en que reaccionamos a los colores es definida por el estado de nuestro chi, dependiendo de su fortaleza o debilidad. Si nuestro chi es bueno y fuerte, por ejemplo, podemos ponernos cualquier color en cualquier momento y estaremos bien. Si, por el contrario, nuestro chi está desequilibrado de alguna manera, los colores de nuestra ropa pueden contrarrestar esta descompensación y ayudarnos en nuestra interacción con el mundo externo. En el nivel cotidiano, nuestra teoría del color transforma en colorido un guardarropa aburrido. Para las ocasiones especiales o de exigencia hay que acudir sea al diagrama creativo o destructivo de los colores de los cinco elementos. Independientemente de que la aplicación que se haga de nuestra filosofía del color sea muy general o sumamente específica, cuando se busca un empleo, se vende un producto, o se acude a una cita, con toda certeza hay que prestar atención no sólo al estilo de la ropa sino también al color.

• *El color de la vestimenta en la historia china* •

Desde tiempos remotos, el color de la vestimenta ha tenido gran significado en China. En la corte imperial, durante milenios, todos, desde el emperador hasta los funcionarios rasos llevaban túnicas y adornos de diferentes colores. Estos trajes respetaban un código de colores, de manera que el rango del portador podía ser identificado a la distancia. (Los motivos, tales como el tipo y cantidad de dragones de una túnica, también indicaban el rango.) Durante la dinastía Han (202 a. de C. – 221 d. de C.) los funcionarios de la corte llevaban cintas de seda colgando de una bolsa de cuero atada a la cintura. El grado social u oficial dictaba el color de la cinta: la del emperador era amarillo rojizo. Los príncipes la llevaban roja, los generales y aristócratas usaban cintas púrpuras y los funcionarios negras o azules. Las borlas, hechas de una variable cantidad de joyas de colores, que los funcionarios llevaban colgadas del tocado –un sombrero alargado del tipo capelo– ayudaban a distinguir su rango. El sombrero del emperador ostentaba doce vueltas de jade blanco, mientras que los príncipes y duques se ataviaban con siete vueltas de jade azul. Los ministros se tenían que conformar con cinco vueltas de jade.

Si bien la moda de la corte fue cambiando, el uso del color como señal de rango continuó en toda la historia imperial china. Ocho siglos más tarde, los funcionarios de tercera y cuarta categoría usaban mantos formales de color púrpura; para los de quinta y sexta categoría las túnicas eran rojas; para los de séptima y octava eran verdes; y los de novena llevaban mantos azules. Esta jerarquía, que también se aplicaba entre los comerciantes, se alteró hace apenas un siglo, cuando los estudiantes comenzaron a usar túnicas púrpuras.

Además de indicar rango, el color de las túnicas simbolizaba profundamente a la naturaleza. El emperador –hijo semidivino del cielo y figura central del imperio chino– usaba una túnica dorada. El amarillo de las túnicas de los emperadores significaba la tierra, que el mandato del cielo ordenaba como su dominio en el papel como mensajero del cielo a la tierra. Como se podrá recordar, el amarillo significa el centro, del que emanan otras direcciones cardinales y poderes. El nombre chino para China, Chung-gwo, significa Reino del medio. El emperador, ataviado de amarillo, se transformaba en la personificación y símbolo del centro del poder y las bendiciones, donde convergían en armonía todas las fuerzas del universo: los cinco elementos, el cielo y la tierra, el yin y el yang. La chaqueta de la emperatriz era azul y estaba decorada con dragones dorados de cinco dedos. La llevaba encima de sus vestidos imperiales, que eran de satén amarillo, también bordados con dragones.

Los colores del atuendo del emperador también se relacionaban con los poderes particulares de los que debía valerse. Al rezar y ofrecer sacrificios rituales al cielo suplicando un año de paz y prosperidad sobre la tierra, llevaba mantos ceremoniales de color azul. Al orar al sol, recurría al rojo y cuando la luna contemplaba sus oraciones, vestía túnicas blancas.

• *El color en el teatro chino* •

Desde épocas lejanas el color ha sido de suma importancia en el arte escénico. Tanto en los trajes como en el maquillaje, su aplicación ha constituido por mucho tiempo una de las técnicas de carga simbólica que indica a la audiencia el personaje, la edad y el nivel social de un papel. Tradicionalmente, el color de los trajes y el maquillaje ha respetado las convenciones formales que, junto con aquellas de la técnica dramática, la música y los movimientos y gestos codificados, narran el drama en forma simbólica.

Las convenciones de vestimenta y maquillaje son cuatro: femenino, masculino, rostro pintado, cómico. Durante siglos, el disfraz femenino típico ha sido: mejillas encendidas sobre un rostro blanco mate. Los ojos se sombrean en color rojo intenso y las cejas se alargan con una línea negra. El traje del personaje femenino suele ser de gasa blanca y color azul pálido. La mujer anciana se representa con una peluca gris, sin maquillaje y con túnicas de tonos sombríos, como el marrón, gris, negro o blanco. Para el papel masculino, el color de la barba puede ser simbólico, como en el caso del personaje impetuoso y valiente que lleva una barba carmesí. El papel del "rostro pintado", que puede tomarse como un general, un ministro o un ser sobrenatural, usa el color de un modo más específico, con el rojo indicando fidelidad y el azul crueldad. El blanco advierte sobre la traición. Continuando con la sutileza semiótica, un parche blanco de forma redonda en el rostro de un actor revela al cómico, que puede hacer de sirviente, prelado, bribón, charlatán o general estúpido.

Cualquiera que sea la convención aplicada en el rostro, la presencia de velos de colores sobre él revela estados del ser. El rojo es nupcial. El amarillo representa a una persona enferma. El negro significa un fantasma.

• *La vestimenta hoy: Vestirse para el éxito* •

En la actualidad, la amplia variedad de colores disponibles tanto para hombres como para mujeres da lugar a una mayor expresión de estados de ánimo, sentimientos y estilos personales. Claro que el color ya no es dictado por el rango sino por el tipo de profesión o el estado de ánimo de la persona y está menos vinculado a jerarquías de condición social que al ámbito de lo emocional y físico.

En un nivel simple, primero hay que saber cuáles son los colores auspiciosos. Desde tiempos remotos hasta la actualidad, los chinos han considerado que el rojo trae felicidad y es bueno para los que desean casarse. El vestido de boda chino es rojo. El verde es el color de la esperanza. El rosa también es un color de alegría. La suerte y la desgracia nos pueden llegar a través del color.

• Colores de la ropa según la ocupación •

Ciertos colores complementan ciertas profesiones. Si se puede situar la orientación de la propia carrera dentro del mandala de colores del ba-gua de los cinco elementos (véase la lámina con el diagrama en colores), se puede usar el color correlativo para mejorar la carrera. Más adelante, en la sección Persona de negocios se provee un ejemplo de un comerciante internacional.

Lo que sigue es una lista dispuesta alfabéticamente de ocupaciones seguida de recomendaciones particulares para esa línea de trabajo.

Artista visual o diseñador gráfico

Junto con la ropa multicolor, las mejores elecciones de guardarropa para un artista visual o un diseñador gráfico son las prendas de un solo color básico. Las excepciones son atuendos totalmente negros o totalmente blancos.

Abogado

Un abogado debería usar rojo (en una corbata) o azul oscuro (en una corbata o un traje): El rojo simboliza el éxito y los azules, la esperanza. Si un abogado toma un caso que considera que no puede ganar, es aconsejable que use alguna prenda con verde con la esperanza de obtener una suerte extraordinaria. Quizá se anule el juicio o el juez cometa algún error. Un abogado debería evitar usar negro, que significa falta de esperanza.

Agente de bolsa

El marrón oscuro por la confianza y la credibilidad; el gris, negro o verde para mejorar la capacidad mental para elegir buenas acciones; los motivos florales o los colores de los cinco elementos usados juntos para elevar el chi.

Agente inmobiliario

El blanco fomentará su capacidad vincular, el rojo sacará a la luz su racionalidad y el rosa estimulará a los compradores y vendedores.

COLORES DE LA ROPA SEGÚN LA OCUPACIÓN										
COLOR / TRABAJO	AZUL	VERDE	COLORES BRILLANTES	ROJO	BLANCO	NEGRO/ GRIS	AMARILLO	ROSA	MULTI-COLOR	PURPURA
Artista visual o diseñador gráfico		Sí	Sí	Sí	No todo blanco	No todo negro	Sí	Sí	Sí	Sí
Abogado	Sí	Sí		Sí corbata		No				
Agente de Bolsa de comercio		Sí				Sí			Sí	
Agente inmobiliario				Sí	Sí			Sí		
Arquitecto		Sí	Sí	Sí		No				
Banquero	Sí, traje o corbata	Sí, traje o corbata		Sí corbata	No			Sí corbata		Sí corbata
Decorador de interiores					Sí todo blanco	Sí todo negro			Sí	
Escritor o editor		Sí		Sí		Sí todo negro				
Persona de negocios/ Comercio int.		Sí toques				Sí				
Profesor de escuela	Sí	Sí			No	No		Sí		
Profesor de meditación		Sí	No			Sí				
Profesor universitario	Sí			Sí		Sí				
Terapeuta o psicólogo		Sí			Sí	Sí			Sí	
Trabajador en área salud		Sí		Sí	Sí	Sí		Sí		

Los colores de la ropa que usamos (arriba) no sólo tienen un efecto en las personas con las que trabajamos, sino que incluso pueden cambiar la forma en que nos sentimos profesionalmente con respecto a nosotros mismos.

■ ■ ■

Arquitecto

Como los arquitectos deben usar sus cerebros para crear hermosos edificios, deben usar colores vivos para estimular sus mentes hacia la creación de diseños positivos. El rojo, el verde, o una alegre mezcla de colores resultan efectivos para los arquitectos. Si su ropa es fundamentalmente de colores apagados u oscuros, sus diseños carecerán de inspiración y serán estéticamente desagradables.

Banquero

Como la credibilidad es clave en la actividad bancaria, los banqueros deben llevar trajes azules. Los clientes se sentirán a gusto con el color azul, lo cual redundará en confianza en el banquero y una sensación de que su dinero estará a salvo. Deben evitar los trajes blancos. La mejor corbata o toques de color son los azules, verdes, púrpuras y, mejor aún, rojos. El rosa también es un color de corbata aceptable. Estos colores resultan especialmente auspiciosos para los banqueros por la relación de los cinco elementos del ba-gua. El área de la riqueza se encuentra entre la madera (azul/verde) y el fuego (rojo), de modo que cualquier combinación de estos colores favorecerá la riqueza.

Decorador de interiores

Se les recomiendan prendas totalmente blancas o totalmente negras, para que su ropa no interfiera con la decoración.

Escritor o editor

Una variedad de colores puede convenir a los escritores y editores. Las ropas multicolores o con motivos florales pueden ayudarlos a comprender todos los hechos e ideas. Las prendas totalmente negras estimularán la calma. El rojo o verde activarán nuevas ideas.

Persona de negocios

Los que trabajan para una corporación o una compañía deben considerar el tipo de negocio que están llevando a cabo al elegir el color de sus trajes para ir a trabajar. Por ejemplo, una persona que trabaja para una compañía comercial internacional debe vestir algo con fuerza vital. En este caso, el negro o el gris, o negro con toques de verde o azul, son colores apropiados. Estos colores, especialmente el negro, son particularmente efectivos en el negocio de importación y exportación, por su ubicación dentro del diagrama de colores del ba-gua de los cinco elementos. Como el negro es el color asociado con la carrera y el agua, si un exportador se viste de negro, simbólicamente impulsa su carrera. El agua también es un símbolo chino de riqueza, de modo que simbólicamente aumenta la actividad laboral y los beneficios.

Si bien algunas personas se visten de negro porque puede resultar apropiado para ciertos eventos o profesiones, un guardarropa que sea exclusivamente negro carece de imaginación e indica una seria depresión. No obstante, existen excepciones. El negro se adecua bien a las personas con escasos recursos financieros, que pueden comprar pocas prendas, o a aquellos que cumplen normas rituales o religiosas, como las monjas que deben vestirse de negro o gris. Después de todo, ¿cuál sería el problema si las monjas tuvieran que usar ropa roja?

Profesor de escuela

Ha de evitar el negro y el blanco. Lo favorecerán el verde, el azul y el rosa.

Profesor de meditación

Sus colores son el negro o el verde. Ayudarán al estudiante a tranquilizarse y concentrarse. Los colores brillantes lo distraerán y estimularán su corazón y su mente.

Profesor universitario

Para asumir cierto aire de seriedad, un profesor puede vestirse todo de negro o marrón oscuro. El gris o el azul también van bien. El rojo promueve la racionalidad.

Terapeuta o psicólogo

El uso de ropa blanca le hará mantener la mente en paz, las prendas verdes le aportarán vivacidad y energía, el color negro, seriedad y se aconseja un atuendo multicolor cuando deben ver pacientes inestables.

Trabajador en el área de la salud

Se recomienda usar blanco, por la pulcritud: rosa, verde claro o azul claro, por la esperanza; o el rojo para simbolizar un corazón cálido. Para las personas que cuidan a enfermos mentales, el blanco es muy propicio, así como también el rojo para fomentar la propia buena suerte, racionalidad y poder. El negro da acceso a la tranquilidad e inteligencia.

• *Color de la vestimenta y objetivos personales* •

Juntamente con los usos profesionales, el color puede emplearse por motivos y aspiraciones personales. Los colores que usamos pueden ganar el corazón y la mente del espectador. Los que desean vender algo, sea un libro o un edificio, deberían usar ropas con muchos colores. Esto se explica porque el chi de los compradores potenciales difiere de uno a otro. El chi de algunas personas es bueno, el chi de otras es negativo. Un atuendo colorido resultará efectivo al tratar con gente, independientemente del tipo de chi que posea.

Si se está buscando trabajo, se recomienda usar verde o azul, los colores que simbolizan el crecimiento y las posibilidades. Hay que evitar vestirse todo de negro o todo de blanco. Durante una búsqueda de empleo, estos colores representan carencia de esperanza. También eviten usar rojo u otros colores agresivos que puedan simbolizar combatividad al empleador potencial.

Los colores también pueden hacernos cambiar nuestro propio desempeño, sea en el trabajo, en casa o en situaciones sociales. No se debería exponer a los niños –sea en la escuela primaria o la secundaria– siempre a los mismos colores sombríos. Las prendas para asistir a la escuela deberían comprarse en una variedad de colores, no siempre marrón, azul o verde. Si bien los colores de los uniformes son más limitados, hay que hacer uso de tanta variación como esté permitida. Las escuelas deberían cambiar los colores de los uniformes con el cambio de las estaciones.

Los colores pueden equilibrar el chi personal, permitiéndonos sobrellevar nuestras limitaciones usuales en nuestro accionar en el mundo. Por ejemplo, las personas distraídas pueden fortalecer su propio chi y atención vistiéndose de negro, amarillo o blanco, colores que son efectivos para aumentar la disciplina y concentración. Este tipo de persona debe evitar el rojo, que puede conducir a la distracción y el desvío. Una persona que desee aumentar su productividad en el trabajo debe ponerse una corbata o atuendo colorido, o algo rojo o verde. El blanco y el negro, que son colores más introspectivos, pueden disminuir la productividad. Aquellos que deseen aumentar la popularidad deben llevar prendas de color durazno o con los colores del arco iris. Los que busquen estimular la mente y avivar la inspiración deben vestirse con ropas multicolores o algo azul, rojo o púrpura.

Los individuos que quieren reforzar una dieta de pérdida de peso deben ponerse ropa blanca, ya que esto los hará parecer más voluminosos que lo normal, actuando como constante y doloroso recordatorio del exceso de peso, lo cual los ayudará a socavar el ape-

La tabla a continuación ofrece sugerencias de colores de vestimenta que ayudan a lograr metas de la vida personal, así como propias de la carrera.

■ ■ ■

COLOR \ XXXXX	AZUL/ VERDE	COLORES BRILLANTES	ROJO	BLANCO	NEGRO/ GRIS	MARRÓN/ AMARILLO	ROSA	MULTI-COLOR
Para vender		Sí						Sí
Para encontrar empleo	Sí		No	No	No			
Para perder peso				Sí				
Para hallar felicidad			Sí					
Para casarse			Sí				Sí	

tito. Las prendas blancas también refuerzan la práctica de observar lo que uno come y cómo uno come. La persona vestida de blanco es menos probable que se devore una comida, ya que está obligada a tener cuidado de no ensuciar o manchar sus prendas blancas.

Si alguien está persiguiendo un objetivo determinado puede relacionar este objetivo con el color que le corresponde en el mandala de colores del ba-gua de los cinco elementos. Por ejemplo, una actriz que desee un golpe de suerte puede usar el color asociado con la fama, que es el rojo. Un inversor puede usar los colores de la riqueza, que son el azul, el verde, el rojo y el púrpura. Así un color elegido estratégicamente puede mejorar el chi y la suerte de una persona.

El mejor color para una billetera es el negro, simboliza el agua, el elemento relacionado con el dinero para los chinos. El blanco, azul o verde también son buenos colores para billeteras, porque el metal (blanco) crea el agua (negro), que nutre la madera (verde o azul), según el diagrama de colores creativos de los cinco elementos.

Muchos de los consejos sobre el uso del color pueden resultar naturales para los lectores que han sido "sintonizados" con los colores como parte de su rutina diaria. Como es sabido por la mayoría de las mujeres que usan maquillaje diariamente, los colores suaves son mejores para el día, mientras que los tonos más profundos y brillantes pueden mejorar el chi nocturno de quien los usa. Si está buscando una pareja, use colores de maquillaje que llamen la atención y sean atractivos al mismo tiempo.

• *El color, el chi y nuestro guardarropa* •

La elección de la ropa es un emprendimiento sumamente personal. Al elegir un guardarropa, consideramos si se adapta a la moda, si es adecuado, si es atractivo y si los colores nos favorecen. Todas son consideraciones importantes. Pero existe otro aspecto también: la manera en que el color de la ropa afecta a nuestro chi. Algunos colores oprimen el chi, mientras que otros lo elevan. Por ejemplo, los colores vivos elevan nuestro chi.

Como regla general deberíamos usar ropa del color que nos plazca, pero tratando de variar la gama de colores todos los días. El uso de ropa color azul marino o marrón todos los días lleva a parecer viejo y rígido. Cuando nos vestimos o compramos ropa, la elección de colores revela nuestro chi. Nos puede disgustar el color de un atuendo porque no refleja nuestro chi.

El rojo puede quedarnos bien o mal. Si nos queda especialmente bien el negro o el gris, o si elegimos sólo prendas en tonos sombríos de azul, verde, blanco o negro y nunca usamos rojo o rosa, esto puede indicar que nuestro chi está deprimido y pesimista. La manera de sentirnos con respecto a nosotros mismos puede deberse menos a nuestro sentido de la estética y la belleza y más a este estado interno de la energía. Nuestro chi cambia diariamente. Reacciona a diferentes situaciones y crea estados individuales. Cuando nos vestimos, la elección de la ropa reflejará nuestro chi en ese momento. Si estamos contentos, quizá deseemos ponernos una corbata roja o una blusa roja. Si estamos alicaídos, posiblemente elijamos un suéter beige o marrón para reflejar nuestro estado.

El uso de un color que choque con nuestro estado de ánimo puede ser positivo o negativo. Por ejemplo, si nos sentimos deprimidos y usamos un color vivo, esto quizá nos levante el ánimo. No obstante, puede suceder que estemos contentos y queramos usar una corbata o una blusa roja, pero que la corbata esté en la tintorería y la blusa descosida. Quizá nos sintamos decepcionados y nos pongamos, en cambio, una camisa o una corbata gris. Esto afectará a nuestro chi. La camisa gris puede ser cara y de buena calidad, pero no refleja nuestro chi. No es lo que queremos ponernos. Como resultado, si bien comenzamos el día contentos, podemos llegar a sentirnos inadecuados e incómodos. Esto llevará a influir en nuestro día laboral y las relaciones con otras personas.

• *Cómo mejorar los colores del guardarropa* •

Si deseamos mejorar nuestro chi, podemos valernos del color como cura. Al principio puede costar renovar un guardarropa marrón y azul oscuros. Si no estamos acostumbrados a usar colores vivos, podemos sentirnos incómodos.

¿Cómo alterar nuestras inclinaciones y gustos plácidamente? Quizá no nos demos cuenta de que es el estado de nuestro chi, y no consideraciones más racionales, lo que nos guía al elegir los colores de la ropa. Por ejemplo, una secretaria pensaba que elegía colores sombríos debido a la naturaleza seria de su trabajo. Después de que un amigo diseñador le dijo que siempre usaba ropa marrón, beige o negra, revisó su armario y descubrió que sólo había colores oscuros y parduscos. Luego de reflexionar, se dio cuenta de que su estado anímico –tenía frecuentes momentos de melancolía y depresión– estaba influenciando la elección de colores. Luego de un examen más profundo de sí misma y de la práctica de la meditación, comenzó a sentirse mejor y a comprarse prendas de colores más vivos.

Algunas veces, las circunstancias y la exposición repetida a nuevos estilos pueden ayudar a cambiar las elecciones de colores. Por ejemplo, alguien amante del negro puede viajar a Nueva York o París y observar a la gente usar colores vivos. La siguiente oportunidad en que salga de compras quizás elija un atuendo más alegre, porque puede recordarle la vivacidad y sofisticación de aquellas ciudades.

A continuación mostramos una forma *ru-shr*, o lógica, de agregar fuerza vital de manera consciente a un guardarropa sombrío. Una persona que se viste principalmente de blanco o de negro debe buscar y comprar ropa que tenga uno o dos colores vivos, o elegir una prenda que incluya los siete colores del espectro. Otra forma de resolver un guardarropa aburrido y deprimente consiste en avivarlo con toques de colores alegres. Por ejemplo, supongamos que una mujer rubia considere que el marrón o el negro le sientan especialmente bien, mientras que los colores vivos no la favorecen. Hay dos soluciones posibles, una es visible y la otra no. El método visible consiste en realzar el atuendo marrón con acentos de color que mejoren su chi, colores que pueden estar en los aros, un prendedor, botones, una flor o una cartera. El otro método consiste en forrar el atuendo con un color que mejore el chi, o usar ropa interior de colores que añadan fuerza vital y complementen su chi.

• *El diagrama de colores de los cinco elementos* •

El diagrama de colores de los cinco elementos puede mejorar el chi coordinando las prendas según una de las dos secuencias de colores: el ciclo creativo y el ciclo destructivo de los cinco elementos. Estos ciclos del color son elevadamente simbólicos y, en cierto sentido, representan una forma meditativa de vestirse. No son tan adecuados para el uso diario como para reuniones, negociaciones importantes u otras ocasiones en que reforzar el chi, la determinación y la suerte pueden resultar cruciales. Empleando el ciclo de colores de los cinco elementos es posible realmente aumentar la posibilidad de éxito. Estas técnicas son una herramienta para la visualización de un estado dinámico del chi que infunde al cuerpo y la mente una fuerza vital especial. Los ciclos de colores pueden ayudar a que la persona sienta que el chi se eleva, ya que cada uno de los colores de las sucesivas prendas simboliza elementos que se crean y destruyen unos a otros progresivamente.

El ciclo creativo

Si una persona quiere usar el ciclo creativo de los cinco elementos, debe comenzar por los zapatos o por el borde inferior (de los pantalones o la falda) y trabajar hacia arriba. Por ejemplo, un atuendo posible consistiría en zapatos rojos (fuego), falda amarilla (por la tierra, que es creada por el fuego) y una blusa blanca (que simboliza el metal, que es extraído de la tierra). Si comienza en la línea del borde inferior, el mismo esquema podría ser una falda roja, cinturón naranja y blusa blanca. El diagrama puede aplicarse con un mínimo de tres y un máximo de cinco colores, siempre siguiendo los colores en la secuencia creativa paso a paso. Por ejemplo, los zapatos pueden ser rojos, la falda tostada, el cinturón blanco, la blusa negra y el collar o el sombrero verdes y/o azules. Para diagramas de tres, cuatro o cinco colores, véanse las tablas y ejemplos en la sección correspondiente a los colores. Estos diagramas pueden adaptarse a determinadas prendas del atuendo siguiendo una simple regla práctica: siempre hay que comenzar desde abajo, y cada nuevo color debe ser creativo con respecto al que se encuentra debajo. Por ejemplo, en el atuendo que acabamos de describir, si el cinturón fuera tostado (como la falda), la blusa tendría que ser blanca.

A continuación mostramos tres maneras posibles de aplicar el ciclo creativo de los cinco elementos al elegir los colores de la ropa para mejorar nuestro chi y nuestra suerte, dependiendo de la cantidad de colores que deseemos emplear.

■ ■ ■

CICLO CREATIVO DE LOS CINCO ELEMENTOS - TRES COLORES

PARTE SUPERIOR	Rojo/rosa	Tostado/marrón naranja/amarillo	Blanco	Gris/negro	Azul/verde
MEDIO	Negro/verde	Rosa/rojo	Tostado/marrón naranja/amarillo	Blanco	Gris/negro
PARTE INFERIOR ↑	Gris/negro	Azul/verde	Rosa/rojo	Tostado/marrón naranja/amarillo	Blanco

CICLO CREATIVO DE LOS CINCO ELEMENTOS - CUATRO COLORES

4 (PARTE SUPERIOR)	Blanco	Gris/negro	Azul/verde	Rosa/rojo	Tostado/marrón naranja/amarillo
3	Tostado/marrón naranja/amarillo	Blanco	Gris/negro	Azul/verde	Rosa/rojo
2	Rosa/rojo	Tostado/marrón naranja/amarillo	Blanco	Gris/negro	Azul/verde
1 (PARTE INFERIOR)	Azul/verde	Rosa/rojo	Tostado/marrón naranja/amarillo	Blanco	Gris/negro

CICLO CREATIVO DE LOS CINCO ELEMENTOS - CINCO COLORES

5 (PARTE SUPERIOR)	Rosa/rojo	Tostado/marrón naranja/amarillo	Blanco	Gris/negro	Azul/verde
4	Azul/verde	Rosa/rojo	Tostado/marrón naranja/amarillo	Blanco	Gris/negro
3	Gris/negro	Azul/verde	Rosa/rojo	Tostado/marrón naranja/amarillo	Blanco
2	Blanco	Gris/negro	Azul/verde	Rosa/rojo	Tostado/marrón naranja/amarillo
1 (PARTE INFERIOR)	Tostado/marrón naranja/amarillo	Blanco	Gris/negro	Azul/verde	Rosa/rojo

CICLO DESTRUCTIVO DE LOS CINCO ELEMENTOS - TRES COLORES					
PARTE ↓ SUPERIOR	Rojo/rosa	Blanco	Azul/verde	Tostado/marrón naranja/amarillo	Gris/negro
MEDIO	Blanco	Azul/verde	Tostado/marrón naranja/amarillo	Gris/negro	Rosa/rojo
PARTE INFERIOR	Azul/verde	Tostado/marrón naranja/amarillo	Gris/negro	Rosa/rojo	Blanco

CICLO DESTRUCTIVO DE LOS CINCO ELEMENTOS - CUATRO COLORES					
1 (PARTE SUPERIOR)	Blanco	Azul/verde	Tostado/marrón naranja/amarillo	Gris/negro	Rosa/rojo
2	Azul/verde	Tostado/marrón naranja/amarillo	Gris/negro	Rosa/rojo	Blanco
3	Tostado/marrón naranja/amarillo	Gris/negro	Rosa/rojo	Blanco	Azul/verde
4 (PARTE INFERIOR)	Gris/negro	Rosa/rojo	Blanco	Azul/verde	Tostado/marrón naranja/amarillo

CICLO DESTRUCTIVO DE LOS CINCO ELEMENTOS - CINCO COLORES					
1 (PARTE SUPERIOR)	Rosa/rojo	Blanco	Azul/verde	Tostado/marrón naranja/amarillo	Gris/negro
2	Blanco	Azul/verde	Tostado/marrón naranja/amarillo	Gris/negro	Rosa/rojo
3	Azul/verde	Tostado/marrón naranja/amarillo	Gris/negro	Rosa/rojo	Blanco
4	Tostado/marrón naranja/amarillo	Gris/negro	Rosa/rojo	Blanco	Azul/verde
5 (PARTE INFERIOR)	Gris/negro	Rosa/rojo	Blanco	Azul/verde	Tostado/marrón naranja/amarillo

También puede haber tres maneras de emplear el ciclo destructivo de los cinco elementos, según la cantidad de colores usados. Observemos que el término destructivo no connota negatividad necesariamente sino que, más bien, implica el dinamismo de la regeneración.

■■■

El ciclo destructivo

En el ciclo destructivo de los cinco elementos, el diagrama de colores comienza en la parte superior del cuerpo. El color/elemento superior "destruye" el color/elemento que se encuentra por debajo de aquél y así sucesivamente. Un atuendo auspicioso podría estar compuesto por una blusa blanca (simbolizando el metal) acompañada por un cinturón azul (por la madera, la cual es cortada por el metal) y una falda beige (por el elemento tierra, que la madera remueve). Si bien este atuendo es estilísticamente plausible, quizá otras combinaciones con los colores de los cinco elementos puedan resultar menos atractivas desde el punto de vista estético. Sugerimos usar los diagramas de colores como guías a tonalidades de cada uno de los colores que sean complementarias. Otra alternativa consiste en emplear los colores auspiciosos como toques, como por ejemplo en el color de un detalle de un suéter o camisa.

Cuando nos hallamos en desventaja con respecto a quienquiera con quien tengamos una reunión, podemos usar el ciclo destructivo de colores de los cinco elementos para aumentar las posibilidades de éxito. Por ejemplo, un abogado que deba enfrentar un caso frente a un juez difícil puede usar colores que se impongan a la túnica negra del juez. Un atuendo con esas características podría incluir un saco marrón (tierra), cinturón negro (agua) y una falda o pantalones de color marrón rojizo (fuego). Lin Yun dice que esta cura especial disminuye simbólicamente el poder del juez, porque la tierra destruye el agua. (El juez se viste de negro; debido a que el cinturón negro del abogado es pequeño en comparación con las otras prendas de su vestimenta, el poder del juez se verá disminuido, porque el agua no tiene el volumen suficiente como para aplacar las llamas del fuego.)

• *Diagramas estáticos de colores* •

Otra manera de elevar el chi personal es usar diagramas estáticos de colores. En estos casos se puede armar un atuendo con prendas que tengan los colores de los cinco elementos, o los seis colores verdaderos, o los siete colores del espectro. Estos colores sólo deben estar presentes y no en una secuencia determinada. El arreglo personal puede consistir en una corbata con todos los colores del arco iris o un vestido floreado con los colores de los cinco elementos. También se puede armar el atuendo con diferentes prendas para cada uno de los cinco colores: calzado negro, medias blancas, vestido rojo, saco azul marino y chalina naranja.

Capítulo siete:
ALIMENTACIÓN Y SALUD

Durante miles de años, la mayoría de los chinos, desde los campesinos hasta los funcionarios de la corte, siempre fueron muy conscientes de la importancia de la dieta, ya que se relaciona con la salud y el ritual. En los círculos aristocráticos y de mayores recursos económicos, la apreciación de la comida alcanzó un alto nivel de especialización. Los chinos consideraban que la comida, además de contemplar un equilibrio dietético y nutritivo, también debía atraer a los sentidos: así, los platos chinos deben satisfacer tres criterios importantes: color, fragancia y sabor.

Aún en el presente, en los rituales chinos, se ofrece comida para aplacar a los "fantasmas hambrientos", o como ofrendas a antepasados o dioses hogareños. En el Año Nuevo chino, se acostumbra a untar miel sobre la boca de una imagen del caprichoso dios de la cocina: un espía hogareño. La miel asegura que cuando la imagen del dios se queme y se eleve al cielo, sólo informará cosas dulces acerca de la familia. Así, los dioses otorgarán a la familia un feliz y próspero año nuevo.

El acento puesto en la alimentación era tan fuerte en la familia imperial en la antigüedad que el manual de la dinastía Han (207 a. de C. – 220 d. de C.) que trata sobre las construcciones rituales y el gobierno, el *Chou Li*, da fe de que alrededor del sesenta por ciento del personal imperial de casi cuatro mil individuos realizaba tareas relacionadas con la comida y el vino.

En la actualidad existen dos formas en que las normas de Lin Yun sobre el color pueden ser aplicadas a los alimentos. La primera consideración es nuestra dieta diaria. Ésta se relaciona más con el atractivo visual de la comida: cómo el color puede hacer que las comidas parezcan más –o menos– apetitosas. La otra aplicación del color a la alimentación es una especie de régimen místico de mejoramiento de la salud. Este método busca usar el color para curar los órganos del cuerpo y los problemas físicos.

Estas consideraciones de la dieta y la salud y su relación con el color de los alimentos reflejan la relación entre el chi y el color. El color atrae nuestro chi, tentándonos a que comamos. Como resultado, el color afecta al apetito, la salud, la carrera y los negocios. Para atraer a nuestro chi, la comida no debe ser monocromática. Una comida debe provocar satisfacción visual. Por ejemplo, si la comida de un banquete de fin de curso sabe y huele deliciosa pero está empapada de salsa de soja o tiene una monótona tonalidad amarronada por los hongos y la carne, el plato no se verá apetitoso. Los colores de los platos chinos deben ser vivos y variados, como suele ocurrir en la cocina japonesa y francesa. Por ejemplo, puede crearse el atractivo visual contrastando la carne blanca del pollo con pimientos verdes o rojos o complementando el tono rosado de los camarones con porotos negros.

En el negocio gastronómico, el color resulta esencial para el éxito de un restaurante o proveedor de comidas. Desde la perspectiva del chi, si abrimos un muy buen restaurante, claro que querremos los mejores ingredientes: un ambiente atractivo, buen servicio y el mejor chef. Todos estos aspectos son *ru-shr* (racionales). Pero ni el mejor aderezo de ingredientes frescos y de excelente calidad podrá contrarrestar colores que no llaman la atención. Demasiados colores marrones u oscuros o demasiados tonos blancuzcos en la comida afectarán al humor de los comensales y les darán sensación de pesadez. Aun cuando no hayan siquiera probado la comida, pueden sentirse llenos. Este es el efecto del color cuando hay una deficiente presentación de los alimentos. Si la presentación de la comida de un restaurante no es atractiva desde el punto de vista cromático, los invitados no regresarán. El color de la comida afecta nuestra reacción con respecto a un restaurante y por lo tanto, el color afecta el rendimiento económico del restaurante. La presentación artística y una variedad de colores dispuestos en los platos no sólo encantarán visualmente a los clientes, abriéndoles el apetito, sino que los inspirará a regresar para futuras comidas.

• Cómo equilibrar la salud con la dieta de los cinco elementos •

Junto con el atractivo visual de comidas coloridas, el color de los alimentos también puede afectar la salud. Los chinos prestan atención a algunos principios filosóficos que relacionan el bienestar físico con el color. Pueden usarse alimentos de colores específicos correspondientes a los cinco elementos para nutrir la salud y tratar ciertas enfermedades, tales como problemas del corazón, de los riñones, de los pulmones, del hígado y el bazo. Si bien siempre hay que consultar al médico cuando se sospecha una afección, desde un punto de vista *chu-shr*, también se puede recurrir al color para tratar a una persona cuya salud se vea afectada.

La teoría de relacionar el color de los alimentos con la salud física se remonta a la antigua medicina china, que se valía no sólo de los cinco elementos sino de las teorías del chi y el yin y el yang para realizar un diagnóstico y establecer tratamientos y curas. Según creían los chinos, el cuerpo humano era beneficiario y víctima del operar del cosmos y, por lo tanto, se veía sujeto a las leyes del Tao y la naturaleza. El cuerpo, entonces, recibía la influencia tanto de los cambios de estaciones y temperaturas como de consideraciones de índole dietética, tales como el color, los aderezos y el cuidado equilibrio del yin y el yang en la comida. Por ejemplo, si el cuerpo estaba sano, comer una comida del tipo yin podía provocar una descompensación de yin en el cuerpo, provocando una enfermedad o problemas de salud. Pueden aparecer enfermedades y desórdenes de la personalidad por la desarmonía entre los órganos y los correspondientes cinco elementos.

Al aplicar los cinco elementos a los cinco órganos viscerales, el corazón corresponde al fuego, el rojo, el verano y los sabores amargos; el bazo se relaciona con la tierra, el amarillo, el fin del verano y los dulces; los pulmones, con el metal, el blanco, el otoño y los sabores picantes; el hígado se vincula con la madera, el verde, la primavera y los sabores agrios; los riñones, con el agua, el negro, el invierno y los sabores salados. Así, una forma de aliviar un problema de riñón —además de obtener la mejor asistencia médica moderna— consiste en comer principalmente comida negra u oscura, por el agua, mezclada con verde y blanco, los colores de los elementos complementarios del agua, la madera y el metal, respectivamente. Por ejemplo, una cura posible para problemas de riñón podría consistir en hongos o berenjenas cocidas con chalotes o arvejas y queso de soja o moluscos bivalvos. Otras comidas oscuras pueden ser: algas marinas, polenta, repollo colorado, porotos negros, cordero o carne vacuna.

En general, se puede mejorar la salud comiendo comidas que correspondan en color con el órgano que se busca curar. Si se desea curar una enfermedad física, use la tabla de colores de alimentación y salud que damos a continuación, o consulte las fotografías. Esta asistencia visual será de utilidad para discernir qué combinación de colores de alimentos puede contribuir en el proceso de curación.

No obstante, es necesario tomar una precaución: el uso del color básico por sí solo es inadecuado como tratamiento. Al usar esta teoría de los cinco elementos, es necesario reforzarla con los colores complementarios (los colores con los que establece relación mutuamente creativa). Por ejemplo, si alguien sufre una enfermedad física del corazón como resultado de insuficiente fuego corporal (a diferencia de problemas emocionales del corazón que resultan de un exceso de fuego, tal como vimos en la página 57), puede comer un plato donde prime el color rojo —el color del fuego— pero con toques de verde —la madera alimenta el fuego— y amarillo: el fuego crea la tierra (cenizas). Puede traducirse en un plato de tomates maduros con toques de chalotes y tiras de huevo.

La aplicación de la teoría de colores de los cinco elementos en la alimentación, como se muestra en la tabla a continuación, contribuirá a lograr un resultado positivo cuando se esté siguiendo un régimen médico estricto por problemas de salud.

■ ■ ■

TABLA DE COLORES DE LA SALUD Y LA ALIMENTACIÓN

ELEMENTO	COLOR	ÓRGANO	ALIMENTOS	TOQUES DE COLOR
Fuego	Rojo	Corazón	Camarones, pimientos rojos, tomates, langostas	Azul/verde/ amarillo naranja/tostado
Tierra	Amarillo/naranja/ tostado	Bazo	Huevos, calabaza, pimienta de la India, zanahorias	Rojo, blanco
Metal	Blanco	Pulmones	Escalopes, clara de huevo, pescado, pollo	Amarillo/naranja/ tostado/negro/ marrón oscuro
Agua	Negro/ marrón oscuro	Riñones	Porotos negros, carne, cordero, salsa de soja, berenjenas	Blanco/verde/azul
Madera	Verde/azul	Hígado	Arvejas, chalotes, espinaca, apio, repollo	Negro/marrón oscuro /rojo

Capítulo ocho:

TRASLADOS: VIAJAR CON LOS COLORES

A lo largo de nuestras vidas, viajamos permanentemente. El transporte es una de las seis áreas principales que se mencionan cuando consideramos los efectos del color en nuestras vidas. Los colores implicados bajo este título incluyen los que vemos en el camino hacia nuestros destinos, así como los colores de los vehículos en que viajamos y de la ropa que llevamos puesta mientras nos trasladamos.

Se trate de un traslado hasta el almacén, al trabajo o un viaje largo, lo que vemos afectará a nuestro chi. Si abrimos la puerta de calle para salir a la mañana y vemos un suelo yermo, de un espantoso color marrón o gris, esto nos aplasta el ánimo y el chi. Pensamos en la muerte y a medida que avanzamos nos preguntamos contra qué vamos a dar. Tendemos a estar de mal humor. Pero si cuando salimos vemos una flor, un arbusto, o un frondoso árbol verde, sentimos fuerza vital y esto afecta a nuestro chi y nuestro ánimo. Los colores del interior y exterior de las casas en que vivimos y hasta los colores de las casas vecinas afectarán a nuestro chi. El color sigue gobernándonos a medida que pasamos por paisajes, influenciando nuestro destino, nuestro camino en la vida. Ya sea que caminemos, manejemos un auto o nos traslademos en taxi, necesitamos estar pendientes del paisaje: los árboles del costado del camino, las flores, las casas, las veredas...

La forma que vaya tomando el entorno hacia nuestros destinos será determinante de la relación emocional que estableceremos con la escuela, el trabajo y la vida. Si la ruta al trabajo comienza con árboles frondosos y saludables que van perdiendo su verdor hasta transformarse en árboles sombríos y sin vida, o si entramos en un paisaje urbano sin rastros de naturaleza, quizá resulte inevitable cierta sensación de fracaso y depresión inminente. El follaje seco y marrón nos hará sentir que ir a trabajar es como ir a un funeral y es posible que sintamos preocupación porque nuestro chi y nuestra mente quizá se hayan quedado demorados en el paisaje verde dejado atrás.

La belleza de nuestra ruta al trabajo o escuela también puede tener su desventaja. Si existen demasiadas flores de colores brillantes a lo largo del camino, nos podemos sentir distraídos al llegar a destino. Lo que permanece en nosotros es la memoria de las flores de vivos colores y nuestro chi puede haber quedado con ellas. Entonces, si bien las flores pueden mejorar nuestro chi, el paisaje debe trasmitir un equilibrio placentero: un verde exuberante con algunos toques de flores. Demasiadas flores coloridas no sólo distraen la mente sino el corazón. Si una oficina está cerca de un parque o de una hermosa plaza, habrá tendencia a quedarse paseando después del trabajo o a ir a caminar con amigos. Las plantas pueden influenciarnos muy fuertemente, hasta pueden intoxicarnos, hacernos alejar de nuestras relaciones establecidas. Demasiadas flores coloridas pueden traernos la *suerte del durazno en flor*, cierta tendencia a tener aventuras.

Junto con los escenarios de nuestro viaje, los colores de los interiores y exteriores de los vehículos en que nos trasladamos afectarán a nuestro chi y nuestras vidas. Por ejemplo, en el caso de un auxiliar de vuelo o un piloto, se verá afectado por los colores interiores del avión. Si carecen de atractivo, los negocios irán mal, porque los viajeros elegirán otras líneas aéreas. Colores y combinaciones de colores desagradables también pueden conducir a accidentes. Los mejores colores para los aviones son los definidos y llamativos: azul, verde o rojo. Los colores de la ropa con que se viaja también son importantes. Para atenuar el miedo de volar, por ejemplo, se recomienda utilizar el ciclo creativo de los cinco elementos (véase la página 153). Conviene vestirse de rojo, para ayudar a sentirse potenciado, o de verde, ya que la madera (verde) alimenta el fuego (rojo). Si buscamos protegernos en la calle, mientras conducimos, o mientras volamos, debemos vestirnos de negro y blanco o de negro puro. Otra manera de asegurar el éxito mientras viajamos es usar la tabla de colores del zodíaco chino (véase la página 231) como referencia para conocer los colores correspondientes a cada persona.

Una mujer nacida en el año del dragón –un año que armoniza con el verde– cuenta que cuando viaja con un determinado traje verde, suceden cosas maravillosas. "Dos veces me invitaron a primera clase, y esto no se debió al programa de acumulación de millaje. En otra oportunidad, estaba esperando un taxi en el aeropuerto y una limosina se acercó y me ofreció llevarme a destino al mismo costo que un taxi. Por supuesto, en todas las ocasiones llevaba puesto mi traje verde de la suerte."

• *Automóviles* •

Al elegir colores de automóviles hay que tomar en cuenta la personalidad del conductor. Si el color del automóvil se compensa con el carácter de la persona, esa persona tiene la posibilidad de conducir con más seguridad. Por ejemplo, si alguien tiene la tendencia a excitarse fácilmente, debe evitar los automóviles rojos, especialmente los que tienen interiores rojos. El rojo, que es el color asociado con el fuego, avivará las llamas de la intensidad o agresividad del conductor y lo hará reaccionar desmedidamente con el riesgo de provocar un accidente. El negro (o gris) es un color mucho más adecuado a este tipo de persona, porque es el color asociado con el agua y lo ayudará a compensar su impulso a acelerar o conducir con imprudencia.

Por otro lado, el rojo puede ser un color positivo para una persona con personalidad diferente. Por ejemplo, hay personas naturalmente perezosas y lentas para reaccionar. En estos casos, el rojo puede ser un color perfecto para un automóvil, particularmente para el interior. El rojo no sólo movilizará el chi del conductor sino que servirá como una señal de cuidado que obligará al conductor a permanecer alerta dentro del vehículo. El rojo aviva al conductor apático. El verde también es un buen color para este tipo de conductor porque, siendo el color de la madera, da combustible al fuego, según el ciclo creativo de los cinco elementos.

• El diagrama de colores de los cinco elementos •

EL CICLO CREATIVO

El ciclo creativo se desarrolla en sentido ascendente. Por ejemplo, se puede elegir una alfombra roja o marrón, un asiento marrón o beige y un tapizado de techo blanco. Esta diseño simboliza la secuencia en que el fuego (rojo) crea la tierra –o cenizas– (marrón), que a su vez crea el metal (blanco). Los demás diagramas creativos de colores de los cinco elementos los detallamos en la tabla que sigue.

EL CICLO DESTRUCTIVO

Si se elige diseñar el interior del automóvil con el diagrama destructivo de colores de los cinco elementos, no hay que temer que la palabra *destructivo* pueda implicar choques o accidentes. Este diagrama de colores connota los poderosos procesos interactivos de todos los elementos básicos del universo. Reiteramos que tanto el ciclo creativo como el destructivo son sistemas positivos, que implican el continuo y dinámico operar del chi, el yin y el yang y los cinco elementos. El ciclo destructivo de los cinco elementos comienza en la parte superior y se desarrolla en sentido descendente. Por ejemplo, se puede seleccionar un techo marrón rojizo (fuego), asientos blancos y una alfombra verde. Este diseño de colores representa el fuego (rojo) que derrite el blanco (metal), que a su vez derriba el verde (madera).

Los colores interiores de los automóviles pueden seguir el ciclo de colores de los cinco elementos tanto creativo como destructivo. Para las parejas casadas, el diagrama de colores elegido también puede complementarse con un color exterior elegido según el año de casamiento de los esposos.

■ ■ ■

DIAGRAMA DE COLORES DEL CICLO CREATIVO DE LOS CINCO ELEMENTOS					
TAPIZADO DEL TECHO	Gris/negro	Azul/verde	Rosa/rojo	Tostado/marrón naranja/amarillo	Blanco
TAPIZADO DE ASIENTOS	Blanco	Gris/negro	Azul/verde	Rosa/rojo	Tostado/marrón naranja/amarillo
ALFOMBRA ↑	Tostado/marrón naranja/amarillo	Blanco	Gris/negro	Azul/verde	Rosa/rojo

DIAGRAMA DE COLORES DEL CICLO DESTRUCTIVO DE LOS CINCO ELEMENTOS					
TAPIZADO DEL TECHO ↓	Rojo/rosa	Blanco	Azul/verde	Tostado/marrón naranja/amarillo	Gris/negro
TAPIZADO DE ASIENTOS	Blanco	Azul/verde	Tostado/marrón naranja/amarillo	Gris/negro	Rosa/rojo
ALFOMBRA	Azul/verde	Tostado/marrón naranja/amarillo	Gris/negro	Rosa/rojo	Blanco

• *Cómo usar el zodíaco chino
para elegir el color del automóvil* •

Otro método para elegir el color de los automóviles es optar, como color exterior, por el que corresponda o se complemente con el color del propio año de nacimiento. Este método introduce la forma china de la astrología. Mientras que la astrología occidental se basa principalmente en el mes de nacimiento, los chinos dan importancia al año en que la persona nació. Según el zodíaco chino, cada uno de nosotros nace en uno de doce años que guardan correspondencia con diferentes animales: rata, buey, tigre, liebre, dragón, serpiente, caballo, cabra, mono, gallo, perro y cerdo. Los doce animales pueden superponerse en el octágono del ba-gua de los cinco elementos. Cada año y su animal correspondiente pueden asociarse, entonces, con uno o más colores. Por ejemplo, si la persona nació en 1960, sería rata y el color correspondiente es el negro. (Refiérase a la tabla de colores del zodíaco chino de la página 231.)

Si el color del automóvil es compatible con el del año de nacimiento del dueño, éste se asegura traslados tranquilos. Una mujer nacida el año de la cabra contó una serie de hechos desafortunados que ocurrieron en automóviles de colores no auspiciosos. Primero se produjo una cantidad de accidentes inesperados en su automóvil rojo brillante. Luego se compró un automóvil beige, que tuvo desperfectos en el motor, problemas de frenos, rotura de las ventanillas por un intento de robo y hasta un choque trasero. Después de comprarse un vehículo verde jade, declara que se traslada plácidamente por el área de la bahía de San Francisco "tranquila, segura, en paz y con placer". Argumenta que el verde es un color que enaltece su chi y su año de nacimiento, que se corresponde con el elemento fuego, ya que la madera (el verde) alimenta el fuego.

Si una pareja casada comparte un automóvil, se recomienda un vehículo de dos colores, o elegir el color de uno de los esposos y luego agregarle una banda del color complementario del otro esposo. Por ejemplo, una pareja tigre-cerdo puede tener un automóvil gris o negro con una línea verde, o uno verde oscuro con una línea negra.

Si se toma en cuenta el año de nacimiento al elegir el color de un automóvil, también se puede optar por los colores complementarios al año de nacimiento. Para saber cuáles son los colores complementarios del año de nacimiento, primero hay que identificar el color básico del año (véase la tabla de colores del zodíaco chino, en la página 231). Luego hay que recurrir al mandala de colores del ba-gua de los cinco elementos (véanse las fotografías en color) e identificar el elemento que crea el año buscado y el elemento que el año buscado crea. Se pueden usar los colores asociados con estos tres elementos. Por ejemplo, si el año es un año rata, el elemento es el agua, que se asocia con el color negro. Como el metal crea el agua y el metal corresponde al blanco, el blanco también es un buen color para las ratas. De la misma manera, como el agua alimenta la madera, que se asocia con el verde, también el verde es bueno para las ratas.

Otra solución consiste en hacer que el color del interior se relacione con el año de nacimiento de uno de los cónyuges y que el exterior sea de un color complementario. Así, si el año de nacimiento es caballo y el cónyuge nació en un año perro, el interior del automóvil puede ser rojo y el exterior blanco, gris o negro; o el exterior puede ser rojo y el interior negro.

Existe una excepción en el uso del zodíaco chino para considerar los colores de los automóviles. También es necesario considerar el propio chi y el estado de sus cinco elementos. Por ejemplo, puede ser que alguien haya nacido en el año del caballo o dragón, siendo el rojo, el color del fuego, una de las opciones. Sin embargo, hay que evitar comprar un automóvil rojo si el propio chi tiene mucho componente de fuego. El rojo aumentará el desequilibrio de fuego de la personalidad, provocando un comportamiento agresivo al conducir y, en última instancia, también accidentes. En este caso, si bien el negro no es un color complementario para los nacidos en un año caballo o dragón, sería una elección apropiada para arrojar agua sobre el fuego, ya que atenuaría y mejoraría la naturaleza reactiva del conductor.

Capítulo nueve:

EL CHI: CÓMO USAR EL COLOR
PARA INFLUIR SOBRE EL MUNDO INTERNO

Este capítulo trata sobre el ámbito personal del color: la manera como el color mejora nuestra personalidad y temperamento, siendo ambos aspectos de nuestro chi. El color puede modificar nuestro comportamiento negativo y afectar el comportamiento de los otros hacia nosotros. El color nos motiva. Existen curas de color para todo tipo de problemas, desde la infidelidad hasta la paranoia, desde desórdenes alimenticios hasta la apatía. Los chinos sienten que el color puede mejorar la salud, ayudar a conseguir trabajo, estimular el romance, ayudarnos a relajarnos y mejorar el rendimiento. Los que han logrado un "chi supremo" no entrarán en estas consideraciones, pero para aquellos de nosotros que deseamos cambiar, el color puede ayudarnos a atenuar los subterfugios de nuestras personalidades y a volvernos más parecidos a como querríamos ser, modificando nuestro chi.

Existen tantos estados del chi como personas en el mundo. El chi de una persona quizá fluya sólo hasta la garganta. Esta persona tiene un chi "ahogado" y hablará rara vez, sin lograr expresar sus pensamientos y sentimientos. Otras personas pueden ser charlatanes compulsivos que sólo lograrán expresarse en voz alta y a borbotones, como pulverizando a su interlocutor con palabras. Esta clase de persona puede tener un chi del tipo "ametralladora", que sólo circula cerca de la boca y de ésta hacia afuera, a menudo sin pasar por el cerebro. Sus cuerpos están presentes, pero su chi está en otra parte. Un golpecito sobre el hombro o un ruido fuerte pueden hacer regresar su chi. Los que tienen chi del estilo "puercoespín" pinchan al prójimo en forma física y verbal, haciéndolo sentir incómodo. Se especializan en observaciones sarcásticas y azuzan y se quejan para lograr mayor énfasis. Una persona cuyo chi no le llega a las orejas sino que recorre el cuerpo directamente hacia arriba tiene un chi "bambú" y jamás escuchará a nadie. Este tipo de persona es inflexible, obstinada al punto de tener una mente que funciona en un solo sentido. La persona que tiene un chi "distraído" quiere hacer todo. Cada vez que la vemos, quiere ser algo diferente: doctor, abogado, piloto. Pero sus deseos y planes nunca se materializan porque no llega hasta el final. El chi de otro individuo puede tener un movimiento descendente. Esta persona se destruye a sí misma y suspira con frecuencia, con un aire de desesperanza. Con el pasar de los años, puede desarrollar tendencias suicidas, y puede llegar a evitar el contacto social, ya sea fingiendo no estar en su casa o negándose a salir. Si el chi circula demasiado en la cabeza de una persona, quizá anuncia un colapso nervioso. La persona puede ser desconfiada o extremadamente analítica hasta el punto de la paranoia.

Mientras que la visualización de colores y el feng shui mejoran nuestro chi en general, el color de la ropa también puede contribuir a equilibrar el chi, para corregir los defectos destructivos y obtener paz interior, armonía y salud. Por ejemplo, el blanco, verde y negro pueden mejorar la creatividad; el verde oscuro puede calmar a una persona excitada; y se dice que el rojo y el amarillo logran curar dolores de estómago. Si bien el análisis realizado en este capítulo se

Todas las personas poseen un chi diferente. Lo ideal es que éste fluya suavemente por el cuerpo, ascendiendo por la cabeza.

■ ■ ■

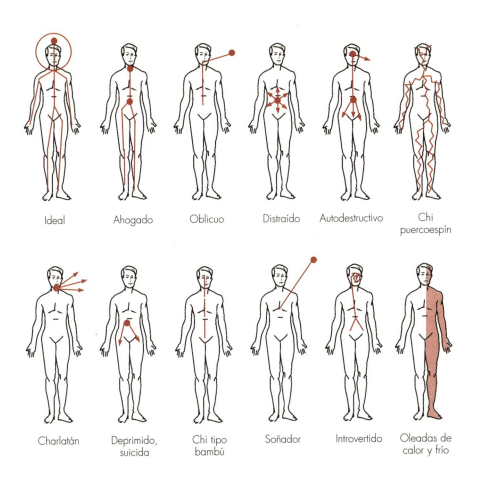

basa en los conceptos y sistemas esenciales de Lin Yun, según se puso en claro en el comienzo de este libro, también deriva de antiguas teorías chinas sobre medicina. Al elegir curas de color para resolver problemas de personalidad o producir una respuesta deseada también entran en juego una aguzada comprensión y cierta cualidad de inspiración intuitiva.

Para emplear algunas formas específicas en que puede usarse el color tanto para diagnosticar como para ayudar a resolver una serie de desequilibrios, consideraremos el chi humano como expresión de los cinco elementos.

El color puede mejorar nuestro chi. Los dibujos que preceden muestran varios estados de chi que se manifiestan en hábitos y comportamientos particulares.

• *Cómo usar el color para equilibrar la personalidad:*
El chi y los cinco elementos •

Al considerar el chi de una persona y el diagrama de colores adecuado para equilibrarlo y mejorarlo, primero examinamos el chi del individuo definiendo la naturaleza de los cinco elementos, ya que cada elemento expresa las virtudes personales y los rasgos de personalidad. El Budismo Tántrico de la secta Negra imagina los cinco elementos como un círculo completo de 360 grados, con cada elemento comprendiendo 72 grados, un quinto del círculo. La cantidad ideal de cada uno de los cuatro elementos madera, fuego, tierra y metal es de 36 grados, el promedio de equilibro personal. Con el elemento agua, lo ideal es tener la mayor cantidad de agua "quieta", y una cantidad equilibrada de agua "en movimiento".

A continuación explicamos brevemente cómo se manifiesta cada uno de los cinco elementos en nuestro chi, moldeando nuestro carácter.

Madera

La madera representa la benevolencia y la constancia. Aquellos que tienen madera insuficiente son como las lentejas de agua: flotan. Cuando cambia el viento, son llevados de un lugar a otro. Estas personas no tienen opiniones firmes que le sean propias. Son sociables y agradables. Son seguidores, se dejan influenciar demasiado por otros. Tienden a carecer de convicciones, suelen contradecirse para acatar los puntos de vista de la mayoría. Los que tienen la cantidad adecuada de madera son como grandes árboles con frondosas ramas. Cuando el viento sopla, se inclinan levemente a su paso. Cuando se detiene, los árboles se yerguen derechos. Estas personas son flexibles y receptivas. Escuchan a los demás, viejos y jóvenes, y se valen de su propia razón para crear sus propias opiniones. Los que tienen

Los cinco elementos —madera, fuego, tierra, metal y agua— tienen colores, direcciones, órganos, estaciones y virtudes que les corresponden. La comprensión de los cinco elementos puede ayudarnos a analizar y mejorar nuestro chi. La madera representa la flexibilidad, el fuego la capacidad de expresar los sentimientos, la tierra la lealtad y la honestidad.

■■■

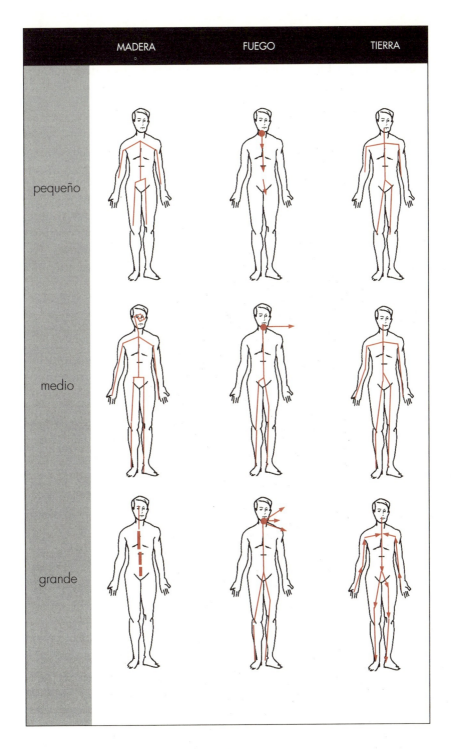

gran cantidad de madera son como las palmeras, que no se mueven con los vientos suaves. Sin embargo, cuando llega un tifón o un huracán, las inflexibles palmeras serán derribadas. Estos individuos son prejuiciosos y parciales y no aceptan ni absorben las opiniones de los demás. Quizá tengan buenas ideas e intenciones, pero pueden quedar en la nada por su propia rigidez.

Fuego

El fuego se refiere a la razón, la expresividad y el decoro o cortesía. Existen dos tipos de personas con poco fuego. El primero tiende a tragarse sus sentimientos. Por ejemplo, si llega a encontrarse con dificultades, apenas hace una mueca de disgusto y aguanta. Absorbe su propia insatisfacción, deseando que desaparezca. El segundo tipo de persona con escaso fuego esconde sus sentimientos verdaderos y se los traga. Pero su insatisfacción no se retira. Se descompone dentro de sí misma. Este tipo de persona sufrirá desórdenes estomacales e intestinales como resultado. Quienes tienen la cantidad justa de fuego en su constitución personal harán frente a las injusticias y explicarán su posición de una manera coherente y lógica. Una vez que se expresan saben cuándo parar y callarse. Los que tienen exceso de fuego tienden a tener explosiones emocionales. Son agresivos: frente a una injusticia su chi explota hacia afuera. Aun en situaciones cotidianas, son belicosos y sermonean y ofenden a otros. Durante las discusiones defienden ferozmente su posición, algunas veces sin justificación ni razonamiento lógico. Tienden a sobreexcitarse y exaltarse.

El metal representa la habilidad para hablar. El agua se divide en dos categorías: agua quieta y agua en movimiento. El agua quieta refleja el grado de intuición e inteligencia. El agua en movimiento representa el nivel de actividades y contactos sociales y comerciales, así como el impulso personal.

■■■

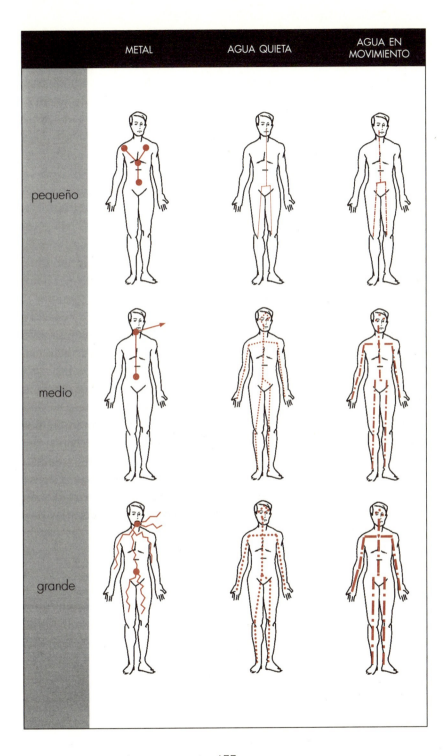

Tierra

La tierra representa la sinceridad y la lealtad. Los que tienen poca tierra tienden a ser oportunistas, egoístas y falsos. Son indulgentes consigo mismos. Los que tienen la cantidad justa de tierra pueden equilibrar el cuidado de los demás con el cuidado de sí mismos. Son justos, confiables y leales. También tienen cómo protegerse a sí mismos y saben tomar una oportunidad sin ser aprovechadores. Los que tienen mucha tierra tienden a sacrificarse a sí mismos y a ser excesivamente sinceros. Son generosos al punto de negarse a sí mismos.

Metal

El metal representa la probidad, la habilidad de hablar expresándonos adecuadamente. Los que tienen más bajo porcentaje de metal no son capaces de decir lo que está en sus mentes y en sus corazones. Cuando algo anda mal, se ahogan verbalmente. Tienden a volverse taciturnos y cautos. Los que tienen una mediana o justa proporción de metal pueden protestar contra las injusticias porque el chi circula primero por el cerebro antes de que estas personas hablen. Ellas saben cuándo quedarse calladas. Piensan antes de hablar. Los que tienen exceso de metal en su chi son conversadores compulsivos. No les circula el chi por el cerebro, de modo que no consideran los sentimientos de los demás o la justeza de las palabras antes de hablar. El chi les hace mover la boca constantemente, pulverizando a los demás con sus palabras. Dan énfasis a lo que dicen con ampulosas gesticulaciones de las manos. Tienden a meterse en los asuntos de los demás y a discutir (a menudo sin razón) y están convencidos de ser justos.

Agua

Los chinos dividen el agua en dos categorías principales: agua quieta y agua en movimiento. Cada una de estas categorías tiene setenta y dos grados. El agua quieta se relaciona con nuestras habilidades cognitivas y de discernimiento: nuestra capacidad de introspección e inteligencia. Aquellos que tienen escasa agua quieta son como ranas dentro de un pozo de agua seco: creen que el cielo tiene el tamaño de la pequeña porción que tienen a la vista. El chi jamás llega a su cerebro. Intelectualmente son limitados, ignorantes y estrechos de miras. Son personas primitivas, con tendencia a equivocarse: se las compara con aquel que, tirado bajo un árbol, ve un conejo caer muerto junto a él y vuelve todos los días al mismo árbol esperando hacerse de otro conejo. A este tipo de persona no le interesan los asuntos públicos y sólo está al tanto de aquello que le concierne. Quienes tienen la proporción justa de agua quieta son como una pileta de natación. Son claros y profundos, con bordes definidos que encierran su entendimiento. Estas personas, inteligentes pero limitadas, conocen su entorno muy bien pero no se interesan en incursionar en otras áreas. Los que poseen una gran cantidad de agua quieta, por otro lado, son como un embalse: claros, reflexivos y expansivos. Esta persona es sumamente inteligente, sabia y lúcida.

El agua en movimiento se refiere a los contactos y actividades sociales y comerciales de una persona, así como al instinto personal, la versatilidad y la eficacia. Aquellos que tienen poco agua en movimiento son como el agua de un arroyo que baja de la montaña. Estas personas tienen poco contacto con la sociedad. Nunca salen y prefieren quedarse en casa. Los que tienen la cantidad justa de agua en movimiento son como un río, con más contacto con el mundo exterior. La vida de esta persona se encuentra compensada entre muchos compromisos sociales y comerciales, tiempo en el hogar y viajes. Quienes tienen un exceso de agua son como los océanos: tocan todos los puertos, aprovechan todas las oportunidades. Estas personas nunca están en casa y se encuentran en movimiento continuo, algunas veces dispersándose demasiado.

Los cinco elementos —madera, fuego, tierra, metal y agua— también pueden emplearse al analizar y armonizar aspectos de nuestras psiques individuales.

■ ■ ■

• *Las curas que se valen de los colores de los cinco elementos* •

Una vez que analizamos nuestros cinco elementos, viendo si nos falta o sobra alguno, existen maneras de equilibrarlos y mejorar, así, nuestro chi. Una forma de armonizar nuestros cinco elementos personales y mejorar y resolver nuestros rasgos de carácter se basa en el empleo del color. Muchas curas de color utilizan los cinco elementos según su relación con nuestros caracteres y virtudes. Cada uno de estos cinco elementos, en realidad, representa una virtud. (Desde la época de Confucio, los chinos relacionaron cierto orden moral de cinco virtudes —humanidad, justicia, decoro, sabiduría y buena fe— con el orden natural, simbolizado por los cinco elementos.) Cada una de estas virtudes, a su vez, se asocia con un color, así como con órganos internos, estaciones y direcciones. La tierra, por ejemplo, se relaciona con la veracidad o buena fe y los colores amarillo, naranja y marrón. El fuego se corresponde con la cortesía o decoro y el color rojo. El metal va con la rectitud y el blanco, mientras que la madera se alinea con la benevolencia o humanidad y el verde y el azul. El agua se relaciona con el conocimiento o sabiduría y el color negro.

En relación con nuestra propia debilidad, existe una virtud paliativa adecuada, y el color que se asocia a ésta puede ayudarnos a resolver los desequilibrios de nuestra personalidad, de la misma manera que los colores "complementarios" de este tono. Por ejemplo, si se desea mejorar la inteligencia y actividad mental, conviene usar ropa negra y aumentar la cantidad de agua, que se corresponde con la sabiduría. El verde, el color de la madera, que es alimentada por el agua, también es un buen color para este fin, ya que es el blanco, el color del metal, el elemento que crea el agua.

Las curas de color pueden ampliarse aún más usando los colores complementarios del tono básico como toques o colores accesorios. Por ejemplo, si se desea aumentar la propia compasión, se recomienda el empleo del verde claro como color básico —la madera, el elemento asociado con el verde, también corresponde a la benevolencia– y dar al verde algunos acentos negros y rojos. Esto se explica porque los colores complementarios de la madera son el negro (que simboliza el agua, que alimenta la madera y se alinea con la virtud de la sabiduría) y el rojo (por el fuego, al que alimenta la madera y se corresponde con la cortesía). Una mayor sabiduría (negro) nos ayuda a comprender y desarrollar mayor empatía con el prójimo, y la cortesía (rojo) nos ayuda a relacionarnos de una manera considerada. (Estos colores también pueden usarse separadamente para aumentar la compasión, ya que tienen una relación positiva respecto de la madera.)

El amarillo, naranja y marrón, los colores asociados con la tierra, el elemento de la veracidad, son buenos colores si se desea curar la mentira y engaños compulsivos. No obstante, si una persona es desagradable con el prójimo y trata de manipular, engañar o aprovecharse de él, el verde, con toques blancos o negros, puede aumentar su porción de benevolencia.

Los colores pueden ayudarnos a alterar nuestra constitución psicológica, así como nuestro chi. Si una persona no escucha a las demás y es demasiado subjetiva e inflexible (chi estilo "bambú"), debe aumentar la cantidad de negro en su vestimenta para dar énfasis al elemento agua, la inteligencia. El verde claro también sería de utilidad. De la misma manera, una persona con chi del tipo "puercoespín" puede suavizar su tendencia a ser incisivo, crítico y físicamente agresivo incrementando el negro, por la sensatez, y el verde, por la benevolencia. Estos colores la tornarán más agradable y amable con el prójimo. Otra cura de color para el chi "puercoespín" consiste en aplicar los colores de la tierra: marrón café, beige o amarillo pálido. En China, la tierra misma es la que recuerda que, en última instancia, todo regresa a la tierra. Al morir, somos sepultados en la tierra: los árboles se descomponen, regresando a la tierra. El suelo, en este sentido, representa al mundo, y esto se ve reforzado por la ubicación del elemento tierra, que está en el centro. Simbólicamente, la tierra y los colores con ella asociados pueden, entonces, centrar a una persona con chi "puercoespín", dominada por una energía agresiva. La tierra también simboliza el proverbio chino que dice: "Lo abarca todo". Los tonos de la tierra permiten a la persona ser más abierta.

El color ayuda a regular y resolver una cantidad de defectos de la personalidad para mejorar el chi y, por ende, la vida. Si bien las curas de color están pensadas principalmente para la vestimenta, también pueden aplicarse a accesorios y dormitorios.

■ ■ ■

PROBLEMA	CURA DE COLOR
Mentiras y engaños	Marrón, amarillo, naranja
Oportunismo	Verde (con toques de blanco o negro)
Inflexibilidad	Negro, verde claro
Fricción	Negro, verde, marrón, amarillo, naranja
Pasividad	Rojo
Mal humor	Negro, verde
Distracción	Verde, azul claro
Paranoia	Amarillo, marrón, negro
Chi oblicuo	Rojo oscuro
Testarudez	Negro o verde claro
Insensibilidad	Negro o rojo
Egoísmo	Negro o rojo
Extrema sensibilidad	Amarillo, beige, marrón
Nerviosismo	Verde
Furia	Negro y verde
Rudeza	Verde
Apatía	Rojo y verde

Algunas veces las curas de color reflejan literalmente las propiedades del elemento correspondiente. Por ejemplo, el rojo –el color del fuego– puede fortalecer el chi y dar impulso a una persona pasiva, mientras que el negro –el color del agua– enfriará un temperamento encendido. A las personas soñadoras o distraídas se les recomiendan las ropas color verde o azul claro, colores de la madera, para enraizarlas en la realidad. Los sonámbulos pueden pintar el cielo raso de su dormitorio (o lo que vean mientras yacen acostados) en un tono de verde que los haga tomar contacto con su cuarto, o pueden poner un objeto de este color al que puedan mirar en ese lugar. El verde, como color de la madera, crea una raíz simbólica, para que el sonámbulo permanezca físicamente en su lugar mientras sueña de noche. Si se desea descansar o relajarse, el verde es el color más tranquilizador.

Algunas veces los colores pueden regular el chi de una persona estando en contraste directo con su personalidad. Por ejemplo, una persona sencilla, que pasa desapercibida, debería usar colores más alegres para hacer que los demás la noten. Si se trata de alguien demasiado activo, se aconseja el uso de colores sutiles como el beige y el pastel para acallar su energía. A las personas con un chi bajo que tienden a tener enfermedades o accidentes y prefieren los colores sombríos como el negro y el gris, se les recomienda incorporar el uso de colores brillantes como el rosa cálido, el verde loro y el amarillo limón para cambiar su suerte e iluminar su futuro. De la misma manera, los individuos con un chi proclive al suicidio deben regularlo con el uso de ropas verdes, por la esperanza, y colores brillantes que eleven su chi y su espíritu. Si una persona es mentalmente lenta, intensificar el negro le hará aumentar su inteligencia y actividad intelectual. Si se desea ser más astuto y captar las intenciones ocultas y argucias de las personas, por ejemplo en alguna situación comercial, se aconseja el negro, por la sagacidad, y el blanco, gris, verde o verde oscuro como colores complementarios.

ACRECENTAR	USAR
La paciencia	Azul claro, rojo, tostado, café, marrón
La capacidad de atracción	Rosa
La felicidad	Verde, rosa, azul claro
La creatividad	Blanco, negro, verde
La fama	Rojo
La riqueza	Verde, rojo, púrpura, negro
El discernimiento y la sagacidad	Gris, verde o negro y blanco
La compasión	Verde, azul, negro, rojo
La inteligencia	Negro, verde, azul
La lealtad	Amarillo y blanco
La capacidad de seducción	Color de la carne
La protección en la calle	Negro y blanco, negro
El buen rendimiento en pruebas	Negro, negro y verde, verde oscuro
La coordinación atlética	Rojo y verde
La cura del pendenciero Apatía	Verde, azul claro o mezcla de blanco, negro y verde

• *Dolencias psicológicas* •

La enfermedad emocional también puede tratarse por medio del color. Para la hipocondría, una situación en que el chi parece aglomerarse en distintas partes del cuerpo, se recomienda el uso de atuendos que tengan todos los colores del arco iris. Una persona crónicamente deprimida y triste puede iluminar su perspectiva oscura y su chi con el verde manzana –un color positivo de la primavera– o el púrpura rojizo. Un paranoico, por otra parte, necesita estabilizar su chi, que gira demasiado rápido en su cabeza, con colores terrosos, como el amarillo y el marrón. El negro, el color del agua, la claridad y la sabiduría, también puede contribuir en aliviar las an-

Puede emplearse el color para mejorar o alcanzar un bien: rasgos positivos del carácter, la felicidad personal o riquezas. El color también puede ayudarnos a tener mejores experiencias de todo tipo: en la escuela, en una cita o en relaciones personales profundas.

■■■

siedades paranoicas. Una persona con chi descendente, con posibles tendencias suicidas, puede comenzar a alterar su destino con el verde –color de esperanza, primavera y benevolencia– y el rojo, un color alegre y activador. El negro también puede ser útil para aumentar la sagacidad y la lucidez. (El negro y blanco juntos son colores que producen sagacidad; son símbolos del cultivo, como en la caligrafía china.) Para las personas con chi del tipo yin yang, que pasan del calor al frío, cambiando extrañamente de emociones y opiniones de un momento a otro, los colores de la tierra –beige, amarillo o marrón– serán útiles para estabilizar sus intenciones, haciéndolas más confiables. Alguien con chi "inclinado" no inspira confianza y tiene intenciones oblicuas, descarriadas. Este tipo de persona puede encauzar su accionar usando rojos de tonos profundos.

Cómo mejorar pequeñas fallas del carácter

También pueden corregirse con los colores pequeñas imperfecciones menos destructivas del carácter (véase la página 182). Alguien rudo e insensible puede volverse más considerado usando negro y rojo, combinación que representa la cortesía. De la misma forma, puede mejorarse el chi de una persona egoísta con el negro, para aumentar el conocimiento, y con el rojo, para incrementar su racionalidad. Alguien hipersensible puede tornarse más duro y seguro emocionalmente usando colores de la tierra, como el amarillo, beige y marrón. Si una persona es muy inquieta y nerviosa, el verde profundo calmará y estabilizará su chi. Un individuo muy irritable que reacciona rápidamente insultando a los demás puede calmarse con el negro, por la sabiduría, y el verde, por la benevolencia. Una persona complaciente, por otro lado, puede encenderse con el rojo, el púrpura o el verde, que actuarán como un fuego por debajo de ellas. Alguien tímido se sentirá más seguro con el rojo. Una persona hostil o ruda debe vestirse de verde para relajarse. Un individuo tonto, que parece lleno de insensateces, debería vestirse de rojo, porque representa la cortesía. Una persona que no congenia con nadie, y que dice o hace cosas extrañas, puede corregir esta situación con el blanco, por la rectitud, el color del metal. El rojo y el verde pueden aportar una chispa a alguien tedioso o aburrido.

Cómo mejorar los bienes personales

También podemos mejorar los bienes que ya poseemos con el color (véase la página 182). Si se desea ser más vivaz, use verde, rojo o púrpura. El rosa —color del casamiento o de la felicidad— nos hará más hermosos, atractivos y encantadores. Puede aumentarse la paciencia con el azul claro, el rojo, tostado o marrón café. La felicidad puede aumentarse con el verde, rosa o azul claro. El blanco, negro y verde, los colores asociados con el agua y la actividad mental, aumentarán la creatividad. Se puede incrementar la fama con el rojo y la riqueza con el verde, rojo, púrpura o negro. La lucidez y sagacidad pueden mejorarse con ropas negras con toques de blanco, gris o verde. Para desarrollar la inteligencia, se recomienda el uso del negro, verde o azul. Según Lin Yun, podemos protegernos y prepararnos con el color. Por ejemplo, si estamos por dar un examen, podemos usar cualquier color. Ahora, si estamos muy preocupados por rendir bien, se recomienda usar una cura, como una prenda negra (por la sabiduría), negra y verde o verde oscuro.

• El color y las relaciones •

Los colores pueden regular las relaciones. Por ejemplo, la lealtad a los amigos y el país puede fortalecerse con el blanco, ya que representa el metal, el elemento de la rectitud. El blanco y el amarillo, el color de la tierra y la buena fe, son buenos para que el cónyuge sea fiel. (La persona que use blanco y amarillo no tendrá ningún amante.) Algunas otras dificultades propias del matrimonio pueden tratarse con curas rojas (véanse las páginas 198-199).

Si se desea ser particularmente seductor, se recomienda el empleo de un atuendo color carne o algo satinado o con brillo, como la lencería. El tono color piel es sugestivo, ya que aunque tengamos algo puesto, da sensación de desnudez.

• El color y la edad •

El color nos afecta según la edad que tenemos. El color tiene especial importancia en los niños, para enriquecer su carácter y ayudarlos a desarrollar la sabiduría en etapas iniciales de la vida. Para los jóvenes, se recomienda el verde, por la estabilidad y la benevolencia, el rojo por su capacidad de aumentar la razón y el negro, por la sabiduría. En la madurez o mitad de la vida, el verde contribuye en el desarrollo de la carrera; el rojo aumentará la ra-

EDAD	COLOR
Jardín de infantes a 6° grado	Los colores del arco iris
Primera juventud	Negro, verde
Juventud	Negro, verde, rojo
Edad madura	Verde, rojo, amarillo
Vejez	Blanco, verde, negro

zón; y el amarillo cultivará la confianza y la fidelidad. En la ancianidad, son buenos colores el blanco, por la expresividad, el verde por la esperanza y el negro por la sabiduría.

El color puede afectarnos según la edad. Estos colores son especialmente compatibles con fases específicas de la vida.

■ ■ ■

Los niños

El análisis de los colores para los jóvenes se presta a una discusión más exhaustiva. Para las edades comprendidas entre el jardín de infantes y el sexto grado, los colores del arco iris garantizan que el niño reciba todas las virtudes de los cinco elementos. El chi de un adolescente en los primeros años del secundario puede mejorarse con el negro (para aumentar la sabiduría) y el verde (para ayudarlo a fomentar la benevolencia). Estos colores también son buenos en la escuela secundaria, como el rojo, por la razón.

En casos específicos, los colores pueden equilibrar el chi de un niño. A medida que el niño desarrolla cualidades espirituales, se recomienda el empleo de los colores del arco iris o los siete colores verdaderos. Para incrementar la coordinación atlética, debe emplearse el rojo y el verde. Para contener a un niño contencioso o peleador, se aconseja el verde manzana, el azul claro o el verde oscuro por la benevolencia, o bien, una combinación de blanco, negro y verde. Para fomentar el aprendizaje de niños discapacitados, el blanco o negro será bueno para mejorar la inteligencia. El verde y el azul estimularán la inteligencia en un niño lento, y el rojo agregará el poder del fuego. Así, el negro o marrón pueden tranquilizar a un niño hiperactivo, además de mantenerlo recto y leal. Para los niños en general, el amarillo les sacará a la luz la lealtad, el honor y la veracidad.

Si un niño sufre de asma, su chi no fluye en forma pareja y conectada y deberá trabajar sus pulmones. El verde promoverá la vivacidad, ya que es el color de la primavera. El azul también es bueno. Debe evitarse el negro, ya que es demasiado frío y serio: el asma se desarrolla cuando el niño se enfría, de modo que el rojo, símbolo del fuego, resulta bueno. El blanco activará la articulación. El negro estimulará al niño a ser más serio y a saber cuándo actuar con calma.

• Cómo diagnosticar y predecir el futuro a través de los padecimientos físicos •

AFECCIONES FÍSICAS

También puede usarse el color para diagnosticar afecciones físicas. La palidez, por ejemplo, puede mostrar problemas internos o revelar el estado de nuestro chi, suerte o inclinaciones personales. Las raíces de esta idea pueden rastrearse hasta la medicina popular china que relacionaba los cinco órganos internos con lo que llamaban los cinco órganos externos. El corazón se corresponde con el pulso; los pulmones con la piel; el hígado con los músculos, el bazo con la carne y los riñones con los huesos. Los antiguos médicos chinos pensaban que los problemas respiratorios podían evidenciarse a través del color de la piel del "flaco consumido" a diferencia del blanco más saludable de la piel del "gordo cerdo". Se detectaban problemas del bazo si la carne –diferenciándola de la piel y los músculos– era verde amarillento, similar a las "frutas que crecen en los montes". La carne "amarilla como la panza de un cangrejo", por el contrario, indicaba un bazo saludable.*

Según la teoría china del color, si la lengua de una persona o el blanco de los ojos están amarillos, puede sufrir problemas de vesícula. Una nariz enrojecida puede predecir la muerte o enfermedad de los pulmones. Las ojeras oscuras pueden manifestar problemas de riñones.

---

* Heinrich Wallnofer y Anna Von Rottauscher, *Chinese Folk Medicine* (Nueva York: Signet Books, 1972), página 90.

Lectura del rostro

De la misma manera, los chinos leen el color del rostro de una persona para predecirle el futuro. Emplean el ba-gua, superponiéndolo al rostro de la persona y leyendo su suerte a partir de puntos rojos o cicatrices, manchas marrones, lunares y la ubicación de todas estas imperfecciones en el rostro. Cualquier mancha nueva que aparezca en el rostro puede indicar un beneficio o problema potencial en el área correspondiente de la vida. A una mujer con una cicatriz encima del labio puede decírsele que evite el agua. (La boca se encuentra en el lugar de la "carrera", que también es el área asociada con el elemento agua.) A otra persona con la sien derecha de color oscuro y pálido se le dijo que su madre estaba teniendo problemas. Ésa era el "área del matrimonio de la madre" de su rostro y, de hecho, si bien el hombre aún lo desconocía, estaba por ser sometida a una operación en el ojo y luego tendría problemas legales con su hermano.

Los colores debajo de los ojos pueden asociarse con eventos: el amarillo augura celebraciones, el negro trae enfermedad, el blanco predice la muerte de un miembro de la familia, el rojo aporta enredos gubernamentales o legales y el verde habla de posible furia, impacto y preocupación. El color del rostro puede revelar el chi de una

El ba-gua de los cinco elementos puede aplicarse al rostro de una persona como forma de predecir el futuro.

■ ■ ■

persona y predecir si tendrá un romance o será atractiva para el sexo opuesto. Una complexión color durazno o rosada puede significar que la persona se encuentra en una de las tres etapas de la "suerte del durazno en flor" (véase la página 67). Por ejemplo, un joven con una complexión rubicunda o rosada puede tener el chi del "matrimonio" o de la "felicidad", y las muchachas lo perseguirán. Otro, con un rostro pálido y oscuro, produce desconcierto.

• Cómo curar afecciones físicas con el color •

En lo que concierne a las afecciones físicas menores, ciertos colores pueden aliviar los sufrimientos. En algunos casos se puede aplicar el ba-gua al cuerpo. Los trigramas del ba-gua se relacionan con partes del cuerpo humano y los colores correspondientes de los cinco elementos (refiérase al mandala del ba-gua de colores de los cinco elementos). El rojo, por ejemplo, puede aliviar problemas de la vista porque el ojo y el color rojo se encuentran en el mismo trigrama. El estómago, como uno de los órganos, se ubica en el trigrama del "matrimonio", de modo que el rojo y el amarillo —colores del fuego y la tierra— son los mejores para curar un dolor de estómago. Puede aliviarse un dolor de cabeza con los tranquilizadores colores rosa y verde. (Esta cura no tiene ninguna asociación con el ba-gua.) Si se utilizan los colores del ba-gua para curar un dolor de cabeza, empleamos el blanco y gris para regular el área de "personas serviciales". Las náuseas pueden curarse con el verde. Los desórdenes alimenticios pueden compensarse con el blanco. Debido a que el dolor de garganta se asocia con el hecho de poseer demasiado fuego en nuestro chi, el negro, el color del agua, puede atenuar el dolor. El color verde agua y el verde también son buenos para calmar los dolores de garganta. Si se tiene algún tic físico, Lin Yun sugiere el blanco y el verde para relajarse.

Para aliviar problemas renales y de espalda, se puede usar el negro —el color correspondiente a los riñones— y sus colores complementarios: blanco y verde. Los colores rojo, azul o verde —por la esperanza y la vida— son buenos antídotos para la gripe. Lin Yun dice que la gripe tiene correspondencia con el agua, de modo que el elemento fuego —simbolizado por el rojo— la contrarrestará: "La hará hervir hasta desaparecer". Para las enfermedades de la niñez "cuan-

PROBLEMA	COLOR PARA LA CURA
Sonambulismo	Verde, verde claro
Dolor de estómago	Amarillo o rojo
Depresión crónica	Verde manzana, púrpura rojizo
Dolor de cabeza	Verde, rosa
Hipocondría	Colores del arco iris
Chi suicida	Verde o rojo
Obesidad	Blanco
Presión sanguínea alta	Negro, blanco, azul claro o verde claro – evitar el rojo
Problemas del corazón	Negro, blanco, azul claro o verde claro – evitar el rojo
Dolor de garganta	Negro, verde agua o verde
Tics	Blanco o verde

tos más colores mejor". Se dice que el rojo, el púrpura y el rosa ayudan a combatir los problemas inmunológicos.

Los que sufren de presión alta y problemas del corazón deben evitar el rojo y usar negro, blanco, azul claro o verde claro.

El capítulo 7 de este libro trata detalladamente sobre el empleo de los colores de la comida para regular desequilibrios que producen afecciones físicas. En el capítulo 10 se ofrecen otras curas místicas y prácticas de curación que usan el color en el tratamiento de problemas y enfermedades graves.

Estos colores pueden usarse en la cura de padecimientos físicos y psicológicos específicos.

■ ■ ■

· *Curas místicas con el empleo del color para fortalecer el chi* ·

Los chinos creen que nuestros cuerpos, así como nuestros hogares, pueden albergar un buen chi y una buena suerte. Nuestro chi cambia permanentemente: algunas veces está bien, otras no tan bien. Cuando las cosas van mal, existe una serie de métodos para purgar la mala suerte o el chi malo de nuestros sistemas. Nuestro chi a menudo funciona como un sistema autoinmune profético. Cuando se debilita, estamos más proclives a absorber factores externos negativos —mala suerte, feng shui malo y chi malo— que se pueden interponer. Hasta podemos atraer infortunios. Cuando nuestro chi se encuentra equilibrado y fuerte, resistimos mejor las fuerzas negativas y destructivas, las enfrentamos mejor y atenuamos el impacto que pueden tener en nuestras vidas.

Hay una variedad de curas fortalecedoras del chi que se sirven del color. El color que más se usa es el rojo, que simboliza la buena suerte, la felicidad y la longevidad. Quienes estén interesados en la información sobre las curas rojas, pueden ver la página 199.

Capítulo diez:

CURAS MÍSTICAS Y PRÁCTICAS DE CURACIÓN

El color es la faceta más importante de las curas populares y medicinales chinas. El color es particularmente crucial en las prácticas místicas del Budismo Tántrico Negro, que ofrece curas para todo, desde curas para revertir la mala suerte hasta para conseguir un cónyuge. Estas prácticas místicas tienden a ser ritualistas y, como la mayoría de los rituales, su eficiencia depende del elemento de transmisión oral. Obviamente, ningún libro puede proveer este elemento, pero podemos transmitir al lector cierto sentido de la importancia del color en la tradición china de prácticas místicas.

Algunas de las "curas" son monocromáticas, emplean sólo el rojo, el verde o el blanco. Otras usan las auspiciosas secuencias de colores del octágono de colores del ba-a de los cinco elementos, los seis colores verdaderos o el espectro de los siete colores. Todas ellas, sin importar el empleo que hagan del color, deben fortalecerse con el uso del *Refuerzo de los tres secretos* (véase capítulo 11).

Entre los materiales místicos usados en las curas se encuentran el *syong huang* o rejalgar, un polvo naranja amarillento, y el *ju sha* o cinabrio, un polvo rojo. Ambos polvos se usan tradicionalmente en la medicina china y pueden ser empleados en los rituales de limpieza del Budismo Tántrico de la secta Negra. Entre los otros elementos que se emplean para lograr un resultado determinado, sea la concepción o el alivio de un dolor de espalda, se encuentran: cuerdas rojas, semillas de loto, plantas, arroz y greda.

Estas curas son *chu-shr*, que describe aquello que está fuera de nuestro ámbito de experiencia normal. Como muchas prácticas *yi*, son actos de fe. Si bien pueden parecer supersticiosos, son "110 por ciento efectivos". Algunas veces debemos trascender los medios aceptados y racionales para hallar maneras de resolver nuestros problemas y mejorar nuestro destino.

• *Una línea de colores que se extiende desde el cielo a la tierra* •

Esta es una cura colorida y sagrada que se basa en el diagrama de colores del ba-gua de los cinco elementos para mejorar áreas de nuestra vida. Se emplea una cuerda multicolor que hacemos nosotros mismos, con una secuencia de colores inspirada en el ba-gua. Si

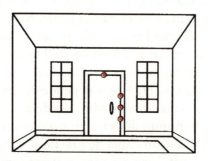

La cura de sellado de la puerta consiste en aplicar una mezcla de un polvo rojo (ju-sha) y un fuerte licor en la puerta para liberar a la residencia de la mala suerte.

■■■

bien el ciclo de esta secuencia es fijo, el primer color cambia según los resultados deseados. Instalando la cuerda en una de las ocho áreas del ba-gua de una habitación, se canaliza simbólicamente un deseo hacia el cielo y se mejora el área correspondiente de la vida atrayendo una respuesta a ese deseo hacia la tierra. Independientemente del lugar donde se instale la cuerda o cuál sea el deseo específico, el último color del extremo inferior de la cuerda siempre es amarillo, el color asociado con la tierra.

El diagrama de colores de la línea que une el cielo a la tierra es el siguiente:

Hay que tener presente el octágono de colores del ba-gua de los cinco elementos (véase el mandala del ba-gua). Para hacer la cuerda, hay que comenzar con el color asociado con el área de la vida que se desea mejorar. Éste debe ser el color superior. Luego hay que proceder en el sentido inverso de las agujas del reloj sobre el diagrama para identificar el siguiente color. Los segmentos de dos tonos pueden crearse tejiendo hilos de los dos colores juntos.

Por ejemplo, si se desea mejorar las finanzas, la cuerda debería comenzar con el color del área de la riqueza: rojo/verde. El siguiente color en sentido descendente será el verde (familia), seguido del verde/negro (conocimiento), luego el negro (carrera), negro/blanco (personas serviciales), el blanco (niños), blanco/rojo (matrimonio), rojo (fama) y por último el amarillo.

Esta cuerda se coloca en el área de la "riqueza" de la habitación y se activa ritualmente con el *Refuerzo de los tres secretos* (refiérase a la página 208).

Si, por el contrario, se desea mejorar el matrimonio, haga una cuerda que comience con el blanco/rojo en la parte superior, que siga con el rojo, rojo/verde, verde, verde/negro, negro, negro/blanco, blanco, para terminar con el amarillo. La cuerda se instala en el área del "matrimonio".

Otras variaciones incluyen el empleo de los seis colores verdaderos, comenzando en el cielo raso en dirección al piso en esta secuencia: blanco, rojo, amarillo, verde, azul, negro.

De manera similar, puede usarse el espectro de los siete colores comenzando en el piso, en dirección al cielo raso, en este orden: rojo, naranja, amarillo, verde, azul, índigo y púrpura.

• El sellado de la puerta •

Esta cura puede usarse para curar una casa o habitación que tiene una historia desafortunada. Consiste en colocar una cucharadita de cinabrio (*ju-sha*) en un pequeño cuenco. Luego se agregan unas gotas de un licor fuerte, como el rum, contando hasta la propia edad más uno. Se mezcla con el dedo medio. Se marca con el dedo el interior de la puerta de entrada al dormitorio, casa u oficina, las puertas laterales y traseras y aun la puerta del garaje, y luego se activa con el *Refuerzo de los tres secretos* (página 208).

• Tocar los seis puntos •

Ésta es una cura personal para alejar la mala suerte y el chi malo, y para elevar el propio chi. Se trata de una aplicación física de los seis colores verdaderos.

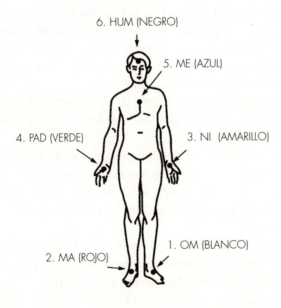

El contacto sobre los seis puntos es un método ritual para librarse de la mala suerte y el chi malo, y para elevar el propio chi.

■■■

Comenzamos creando un mudra –gesto budista con las manos– con la mano izquierda sosteniendo los dedos medio y anular y el pulgar en la dirección del índice y el meñique. En la palma izquierda, con el dedo medio, mezclamos una cucharadita de *ju-sha* y unas gotas de licor fuerte como el rum, contando hasta nuestra edad más uno. Hacemos un toque con el dedo sobre la planta del pie izquierdo y visualizamos el chi que comienza a mejorar. Toda la mala suerte se vuelve buena. Cantamos la sílaba "om". Visualizamos el color blanco con el chi que se va elevando en el cuerpo. Cada vez, activamos el ritual con el *Refuerzo de los tres secretos* (página 208). Luego volvemos a poner el dedo medio en la palma izquierda. Hacemos otro toque en la planta derecha y cantamos "ma" visualizando el rojo. Volvemos a poner el dedo medio de la mano derecha en la mano izquierda y tocamos la mano izquierda cantando "ni" y visualizando el amarillo. Luego de mojar el dedo medio una vez más sobre la palma izquierda, tocamos la mano derecha, cantando "pad" y visualizando el verde. Se sigue el mismo ritual, tocando el centro del pecho, cantando "me" y visualizando el color azul. Por último, realizamos un toque sobre la frente, cantando "hum" y visualizando el negro.

• Tratamiento del cáncer •

Para incentivar y reforzar el tratamiento médico adecuado para esta enfermedad de células anormales, Lin Yun recomienda que el paciente mire los seis colores verdaderos, transmitiendo su secuencia auspiciosa de colores a las células afectadas.

• Estreno de una casa •

Si se desea consagrar y purificar la nueva casa, se aconseja la siguiente sencilla bendición: Colocamos nueve cáscaras de naranjas, limones o limas en un cuenco mediano con agua. Rociamos con la mano el agua cítrica por todas partes, en todos los cuartos, en cada rincón. (Si hay alfombras de pared a pared, usemos un atomizador.) Realizamos el *Refuerzo de los tres secretos* (página 208), visualizando que el agua cítrica va limpiando el chi malo y la mala suerte y desparramando el chi bueno y la buena suerte en su lugar.

• *Cuidado prenatal* •

Los colores que ve una futura madre pueden influir sobre el bienestar mental y físico posterior del niño. Estos colores también afectarán la salud de la madre.

El profesor Lin se refiere al empleo del color como "educación prenatal". Para la mejor educación del chi del feto, la futura madre debe mirar una amplia gama de colores. Los colores deben ser alegres y llenos de fuerza vital. Por ejemplo, el verde, el color de la primavera y de los brotes, es considerado un color lleno de vida. El rosa, que es una variación del rojo, al simbolizar el chi de la felicidad, también es un color positivo y agradable durante el embarazo. También se recomiendan los colores del arco iris, ya que activan y ayudan a cultivar el chi tanto del feto como de la madre. Los colores del arco iris, en la teoría del Budismo Tántrico de la secta Negra se consideran muy espirituales. Lin Yun sugiere que durante la etapa prenatal, la madre embarazada tenga a la vista la rueda dharma en giro continuo (véase página 213), sea a través de la visualización o de la imagen real. La rueda dharma en giro continuo es una imagen dinámica y una bendición, que consiste de los seis colores verdaderos que giran en secuencia. Además de los colores específicos, la futura madre también debe mirar imágenes de paisajes y escenas llenas de vida y alegría, así como imágenes de entidades religiosas como el Buda, Cristo o la Virgen y el Niño, según sea su fe. Normalmente bastará con cualquier imagen agradable de una madre con su niño. Es preferible que estas imágenes sean más bien coloridas que monótonas. La futura madre también puede realzar el área de los niños de su propio dormitorio instalando allí un objeto blanco.

• *Curas rojas* •

CURA CONTRA PESADILLAS

Si tenemos una pesadilla, podemos realizar inmediatamente la *Meditación de luz del sol rojo* (véase página 220) o dentro de los tres días siguientes, escribir con tinta negra sobre un trozo de papel rojo con forma de redondel lo siguiente:

Tuve una pesadilla,
Y ahora escribo en una pared alta.
Cuando salga el sol e ilumine esto,
Toda la mala suerte se transformará en buena.

Luego se pega el papel afuera en un lugar alto o sobre un cartel a la noche.

Ésta es una cura trascendental (chu-shr) del efecto inquietante de una pesadilla: empleando una cura mística como ésta, se libera a la persona del sufrimiento y recupera la sensación de bienestar y buena suerte.

■ ■ ■

Renacimiento del huevo rojo

Una de las curas más potentes para el chi es la del renacimiento del huevo rojo, un ritual que busca expeler la mala suerte y el chi enfermo y reemplazarlos por la buena suerte y el chi positivo. En su nivel más profundo, esta cura simboliza una especie de renacimiento espiritual. Se purga toda la tristeza y negatividad y se da lugar a un nuevo inicio. Esta cura puede realizarse en el cumpleaños, el año nuevo chino o cuando se sienta que es necesaria para exorcizar los malos sueños o la mala suerte.

Primero hay que comprar un cartón de huevos. No se debe permitir que nadie los vea después de haberlos comprado. Durante las mejores horas correspondientes al año de nacimiento de quien realiza la cura (véase la tabla de la página 231), hay que hervir el huevo. Nadie debe mirar el huevo ni molestar a la persona que está realizando la cura. La persona debe usar el *Refuerzo de los tres secretos* (página 208), visualizando el proceso de alejar la mala suerte. En la palma de la mano, mezcla una cucharadita de cinabrio con unas gotas de un licor fuerte, contando hasta su edad más uno. Luego procede a mezclar con el dedo medio. Hace rodar el huevo duro en la palma. Coloca el huevo sobre una servilleta. La persona se frota las manos hasta que se sequen. Habrán quedado de un rojo color óxido. Visualiza el chi malo que se aleja. Sólo el chi bueno queda y prospera. Lleva el huevo afuera. Rompe el huevo levemente y le quita la cáscara, teniendo cuidado de conservar toda la cáscara en una bolsa o servilleta de papel. No deja caer ninguna parte de la cáscara. Visualiza el huevo por encima de la altura de la mesa. Ve la cáscara de huevo como el caparazón viejo de una cigarra que es dejado atrás. Mientras éste es dejado atrás, la persona deja atrás su vieja mala fortuna. Luego se imagina un nuevo caparazón que comienza a formarse y ella misma que regresa a su ser original y puro. Se vuelve como un recién nacido, libre de mala suerte. Espiritualmente la persona ha renacido. Ahora come parte de la yema y parte de la clara del huevo o, si lo desea, come todo el huevo. Arroja el resto del huevo (no la cáscara) en cuatro direcciones diferentes. Visualiza el huevo alimentando a los fantasmas hambrientos que se van satisfechos. Realiza el Refuerzo de los tres secretos. Aplasta la cáscara del huevo y arroja los pedacitos en cuatro direcciones diferentes. Imagina que está

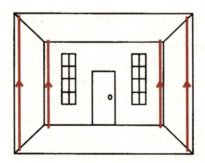

La cura de las cuatro cuerdas rojas es una especie de cable telefónico místico
. que une la tierra y el cielo. Invocamos los poderes celestiales
para ayudarnos a superar lo insuperable.

■ ■ ■

arrojando la mala suerte. Debe ser cuidadosa de no pisar las cáscaras. Realiza el Refuerzo de los tres secretos.

CURA DE LAS CUATRO CUERDAS ROJAS

Esta cura se usa cuando en la vida sobrevienen problemas que parecen insuperables.

En cada rincón del dormitorio se debe colocar una cuerda roja desde el cielo raso al piso. Estas cuatro cuerdas simbolizan las legendarias cuatro columnas que sostienen la bóveda celeste. También representan una especie de línea telefónica mística que une el cielo y la tierra, invocando el poder del cielo para interceder en nuestro nombre en la tierra y retirar nuestras dificultades. Luego en el medio del recorrido entre el cielo raso y el piso, a la cuerda existente se ata una cuerda roja de veinticinco centímetros. Esta cuerda simboliza a los seres humanos: la cuerda con sus extremos hacia abajo se asemeja al carácter chino "ren" 人, que significa "humano". Luego, se realiza el Refuerzo de los tres secretos. La persona entonces visualiza que se encuentra en una intersección entre el cielo y la tierra y así recibirá el chi universal para ayudarla a sobreponerse a sus obstáculos.

CURA DEL MATRIMONIO CON CUATRO CINTAS ROJAS

Si el matrimonio es rígido y uno de los esposos no escucha al otro, se recomienda probar una cura sencilla usando cuatro cintas o cuerdas rojas. Tomamos un metro de cinta roja y lo cortamos en cuatro trozos de veinticinco centímetros. Ponemos las cuatro cintas bien arriba en cuatro de las ocho áreas del ba-gua: el rincón de personas serviciales, el área de la carrera, la zona de la familia y el área de la riqueza. Activamos la instalación de cada una de las cintas con el Refuerzo de los tres secretos.

PARA CONSEGUIR UN CHI AUSPICIOSO O EL CHI DEL MATRIMONIO

Esta cura es para quien desee conseguir un potencial cónyuge, casarse o, simplemente, mayor felicidad. Por supuesto que quienes ya estén casados también pueden seguirla, porque el chi de una boda se considera entre los mejores y más felices que existen.

Elegimos nueve cosas, la mayoría de las cuales pueden ser prendas o algo que usemos. Debemos evitar objetos que pueden desaparecer con el uso, como jabón, alimentos o lápiz labial. Es mejor elegir joyas, lapiceras, llaves, etcétera.

Envolvemos estos elementos en un paño o sobre rojo, o los colocamos sobre un lienzo rojo y los llevamos con nosotros a la boda. Que la novia y/o novio toquen los objetos mientras nosotros realizamos el Refuerzo de los tres secretos, visualizando que su chi auspicioso nos ayudará positivamente a que la felicidad y el romance entren en nuestras vidas. Luego usaremos, llevaremos o nos pondremos estos elementos tan a menudo como podamos para aumentar nuestras posibilidades de felicidad. (Antes de usar estos elementos, podemos optar por colocarlos en la ubicación del matrimonio de nuestro dormitorio durante nueve días.) Si no es posible asistir a la boda, debemos hacer que la pareja bendiga los nueve objetos dentro de los noventa días anteriores o posteriores al día de la boda.

Cura de viajes del lienzo rojo

Hay ciertos momentos en que nuestro chi está débil y no es buen momento para viajar, trasladarse o aventurarse en nuevos negocios o ambientes. ¡Hasta puede suceder que nuestra fecha de casamiento caiga dentro de un período como éste! Si no existe la posibilidad de volver a programar las cosas y debemos llevar adelante los planes, se recomienda la Cura de viajes del lienzo rojo. El color rojo auspicioso nos conducirá a una etapa nueva y mejor de nuestra vida. En una boda, el rojo simboliza a la novia o el novio en auspicioso convenio entre el azul del cielo y el marrón de la tierra.

Debemos comprar una tela roja de unos dos metros de largo. Antes de salir o embarcarnos en el viaje, tendemos la tela en el umbral de la entrada de nuestra casa con un metro de cada lado de aquél. Pisamos la alfombra roja al traspasar el umbral, visualizando un viaje seguro y tranquilo. Hacemos el Refuerzo de los tres secretos (página 208). Si tenemos planeado pasar la noche afuera de nuestro hogar, llevamos el trapo rojo con nosotros, lo extendemos sobre el umbral del cuarto del hotel y lo pisamos para entrar en el cuarto. Enfatizamos esto con el Refuerzo de los tres secretos. Repetimos la operación al irnos.

• *Curas blancas* •

TRATAMIENTO PARA LA ENFERMEDAD CARDÍACA

Presentamos aquí el tratamiento de Lin Yun para la enfermedad del corazón, que según nos previene tiene como finalidad complementar el tratamiento médico adecuado.

Se ponen nueve trocitos de hielo en un cuenco blanco. (Si el cuenco es blanco, el hielo parecerá blanco.) Se agrega una cucharada de alcanfor. Luego se coloca el cuenco con hielo y alcanfor debajo de la cama, directamente a la altura del corazón cuando la persona está acostada. Se aplica la bendición del Refuerzo de los tres secretos (página 208).

CURA PARA LOS LITIGIOS

Para depurar todos los litigios de la propia vida, en las horas más auspiciosas (véase la tabla del zodíaco chino, página 231), hay que mezclar una cucharadita de cristales de alcanfor de Borneo con nueve trozos de hielo dentro de un cuenco con agua. Durante quince minutos, limpiamos la parte superior de la cocina con la solución de alcanfor y hielo. Activamos el ritual con el Refuerzo de los tres secretos.

Se debe repetir esto durante nueve días consecutivos.

CURA PARA EL DOLOR DE ESPALDA

Una de las curas del BTB para el dolor de espalda consiste en poner nueve trozos de tiza en una cazuela que contenga una pequeña cantidad de arroz crudo. Coloque el cuenco debajo de la cama, directamente debajo de la zona afectada de la espalda.

CURA DEL COLLAR DE PERLAS PARA DETERMINAR EL SEXO DE SU HIJO

Las "perlas" pueden ser de un collar, cuentas de madera blancas o semillas de loto ensartadas.

Para una mujer: Cuelgue un collar de nueve flores blancas en el área de los niños de su dormitorio. Para un varón: Cuelgue una hilera de nueve semillas de loto en el área de los niños de su dormitorio. (Para identificar el área de los niños, consulte el octágono del ba-gua.)

• Curas verdes •

Ritual de concepción

Como las plantas se asocian con la vida y el crecimiento, no sorprende que se usen en un ritual de concepción del BTB.

La esposa toma el plato hondo del almuerzo o cena de su esposo –sin limpiarlo ni lavarlo– y pone en él nueve semillas de loto crudas y nueve dátiles secos. Luego llena el plato con agua al setenta por ciento de su capacidad y lo pone debajo de la cama (directamente debajo de su abdomen). Antes de instalar el plato debajo de la cama, expone el plato y su contenido a la luna e invita a las partículas de brezo de la atmósfera a que entren en la casa. (Estas partículas de brezo son el chi embrionario.) La esposa activa esta cura con el Refuerzo de los tres secretos (página 208).

Lo primero que hará cada mañana de los siguientes nueve días será arrojar el agua vieja y reemplazarla con agua fresca. Nuevamente expone el plato a la luna e invita a entrar el brezo del universo. Al cabo de los nueve días, arroja el contenido en una planta de maceta de la casa y entierra las semillas de loto y los dátiles en la tierra. Luego pone la planta cerca de la puerta delantera y realiza el Refuerzo de los tres secretos.

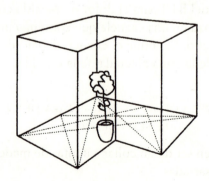

Yu nei es una bendición del feng shui empleada para regular el chi del interior y resolver un cuarto o construcción de forma inarmónica.

■■■

Este procedimiento completo se repite dos veces más. Debe colocarse la segunda planta en la sala cerca de la puerta de entrada y la tercera en la zona de los niños del dormitorio. Debe activar el ritual de las tres macetas con el Refuerzo de los tres secretos cada vez. Hay que evitar limpiar debajo de la cama o desplazarla.

Cura para operaciones

Las plantas también pueden usarse como parte de una cura sencilla para una buena operación y una pronta recuperación. En el cuarto del paciente, hay que colocar nueve plantas pequeñas en línea desde la puerta hasta la cama. Activar esto con los Tres secretos, visualizando una operación exitosa sin complicaciones y una rápida recuperación. Las nueve plantas también pueden ubicarse a lo largo del alféizar de la ventana para no tener que esquivarlas.

Yu Nei • Bendición interior

Se trata de una cura con plantas para la mala salud y problemas extraños. Yu Nei es una importante cura del BTB para regular el chi y resolver una forma inarmónica de dormitorio o construcción.

Se procede a dividir el cuarto o construcción en rectángulos. Se conecta cada rincón con el punto medio de la línea opuesta y luego se conecta las esquinas opuestas. El diseño de líneas que se entrecruzan formará un polígono interno. El polígono constituye el centro interno. Coloque una planta verdadera o un armonizador de vientos dentro de la figura.

Capítulo once:

VISUALIZACIONES DE COLORES: MEDITACIONES

Las siguientes meditaciones tienen raíces budistas, pero pueden ser usadas por personas de todos los credos, así como por lectores que no tengan una inclinación religiosa. Cuando se busca el color en el ojo de la mente, se puede imaginar a Buda, María, Cristo, Alá, Jehová, o simplemente luz y color. La visualización del color puede mejorar según el estado de ánimo, la conducta, la salud, el movimiento físico, el idioma y la actividad laboral. A menudo, visualizar colores es una manera de limpiar o potenciar el alma.

Este capítulo comienza con el Refuerzo de los tres secretos, que hemos citado a lo largo de este libro como una forma de agregar fuerza a cualquier tratamiento o cura a través del color. A continuación, proporcionamos detalles específicos para ocho meditaciones, con los propósitos inherentes a cada una.

Estas visualizaciones son parte de una tradición oral. Tal como las exponemos en este libro por escrito, carecen del ingrediente vital de la transmisión personal. No obstante, el lector puede tener una idea de lo que se puede alcanzar a través de las visualizaciones de colores.

• *El refuerzo de los tres secretos* •

Si bien el Refuerzo de los tres secretos no tiene relación directa con el color, agrega fuerza adicional a todas las curas. Los tres secretos son tres ingredientes místicos –expresados por el cuerpo, el habla y la mente– que se combinan para crear una bendición potente. Son los componentes básicos de la meditación.

CUERPO: EL MUDRA

En el gesto ritualizado del mudra, la mano o las manos toman posturas similares a las del Buda. El mudra es una forma de lenguaje del cuerpo, una invitación física silenciosa. En la vida cotidiana, levantamos y agitamos la mano para saludar a alguien o la tendemos en muestra de amistad cuando nos damos la mano con otra persona. Una madre levanta la mano en señal de advertencia a su hijo que se está portando mal. El Budismo Tibetano de la secta Negra tiene una serie de mudras, cada una para un fin diferente.

El mudra de expulsión (usado en el Refuerzo de los tres secretos) es un gesto ritual que, junto con las seis sílabas verdaderas y la visualización correcta, puede aportar mayor fuerza a cualquier cura.

■ ■ ■

EL MUDRA DE EXPULSIÓN O EXORCISMO, O MUDRA DE LOS TRES SECRETOS

El mudra más usado es el de los tres secretos, también conocido como el mudra de expulsión o exorcismo, que sirve para alejar la mala suerte y los espíritus malignos y mejorar el chi. Por lo general, al practicar este mudra, el hombre usa su mano izquierda y la mujer la derecha.

EL MUDRA TRANQUILIZADOR DEL CORAZÓN Y LA MENTE

El mudra tranquilizador del corazón y la mente se usa al inicio de una meditación para calmar el corazón y la mente. Para asumir este mudra, colocamos la mano izquierda sobre la derecha, con las palmas hacia arriba formando un ángulo recto poniendo los pulgares en contacto.

EL MUDRA DE LA BENDICIÓN

El mudra de la bendición se hace para ofrendas, bendiciones y para prestar el más elevado respeto.

HABLA: EL MANTRA

El mantra es un canto que se recita a fin de rezar o alcanzar el adecuado estado mental espiritual y alcanzar así un resultado positivo. Como con el mudra, existe una variedad de mantras usados en situaciones específicas.

EL MANTRA DE LAS SEIS SÍLABAS VERDADERAS

El mantra más comúnmente usado es el de las seis sílabas verdaderas: "om mani padme hum".

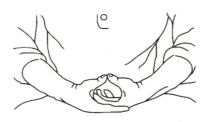

El mudra tranquilizador del corazón y la mente, junto con el mantra tranquilizador del corazón y la mente, es una técnica para calmarnos antes de comenzar a meditar.

El mantra tranquilizador del corazón y la mente

El mantra tranquilizador del corazón y la mente acompaña naturalmente el mudra tranquilizador del corazón y la mente. Si bien es simple, este mantra se considera poderoso: "gatay gatay boro gatay, boro sum gatay, bodhi swo he".

Mente: la visualización

Ésta es la intención, voluntad o rezo consciente expresado en nuestras mentes que acompaña el mudra y el mantra. Es una visualización, el poder de la mente usado para lograr un resultado deseado. Puede incluir desde un simple deseo o rezo que sea parte de una visualización elaborada para ayudarnos a nosotros mismos o a nuestros seres queridos. Por ejemplo, si se padece una enfermedad grave, se puede reforzar la medicina moderna visualizando un escenario positivo para la recuperación de la enfermedad hasta un estado de buena salud. También se pueden usar las visualizaciones para reforzar las curas del ba-gua.

• *Visualización de la rueda dharma del Sol y la Luna* •

La meditación de la rueda dharma del Sol y la Luna se usa para mejorar nuestra salud física y mental, estimular la mente, mejorar el chi y profundizar la espiritualidad. Esta meditación es una variación de la meditación del Sutra del corazón.

Se comienza esta meditación con el mudra y el mantra tranquilizadores del corazón y la mente. (En este momento se puede realizar la práctica de purificación Om-Ah-Hum, si se desea. Véase página 223.)

Una vez alcanzado un estado mental de calma, visualizamos un loto emergiendo del centro del corazón. Esta imagen ha de obtenerse sin apoyarse en ninguna forma o fuerza visual exterior. Esta flor de loto aparece en un instante, una fracción de segundo. Sobre la flor de loto hay una rueda solar y una rueda dharma lunar. La rueda lunar es roja y fija. Emite una luz roja. La rueda solar es blanca y gira. Irradia una brillante luz plateada, casi del color del mercurio.

Lentamente, la rueda lunar roja comienza a elevarse desde el centro de nuestro corazón, brillando como una lámpara de luz roja.

La rueda lunar que irradia luz roja brillante se eleva por nuestra garganta y penetra en nuestra cabeza. De pronto, se multiplica formando diez, quince, veinte esferas rojas. Estas esferas rojas y luminosas se encuentran apretadas dentro del cráneo. Todas estas esferas rojas, brillantes como lámparas eléctricas, concentradas dentro de nuestra cabeza, irradian energía, calor, luz y color, de forma que el cráneo se vuelve rojo incandescente, como el hierro fundido. La esfera roja comienza a descender por la espina dorsal hasta que también ésta se vuelve de color rojo como el metal fundido. El color rojo se extiende por nuestras costillas: una a una se van volviendo rojas como el hierro incandescente. Poco a poco esta luz roja brillante se extiende por toda la estructura del cuerpo. Ahora todo el esqueleto está rojo incandescente e irradia calor y luz. La energía de este estado es una fuerza intensa y concentrada. Todo el tiempo, la rueda solar blanca continúa girando en el centro de nuestro corazón.

En este punto, el esqueleto brilla en una tina de hierro rojo fundido tan intensamente energizado y ardiente que enciende un fuego en nuestro pecho. El fuego se apaga y expulsa todos los aspectos negativos de nuestra existencia. Todo el karma malo acumulado en el pasado y en las vida presente, toda la mala suerte que pueda estar afectándonos a nosotros o a nuestros seres queridos, se quema y de-

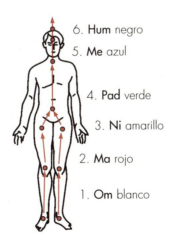

El método de mejoramiento del chi de las seis etapas es una meditación que se basa en la visualización de los seis colores verdaderos, procediendo en secuencia, para elevar el chi.

saparece. Y sólo ahora el aspecto concreto y mundano de nuestra existencia física desaparece, dejándonos en un estado de vacío, a excepción del esqueleto rojo, brillante, energizado.

En este punto, visualizamos que la superficie donde estamos parados o sentados no es una silla ni el piso sino un gran loto rosa pálido. Este loto comienza a crecer hacia adentro del cuerpo y lo abraza hasta formar un nuevo ser. Una brillante luz blanca irradia de la rueda solar y se mezcla con la luz roja de nuestro cuerpo. La luz roja y blanca brilla y envía bendiciones a los millones de Budas, a los seres espirituales, los seres queridos, los maestros, los miembros de nuestra familia y amigos a quienes deseemos ayudar... bendiciones al mundo entero con la esperanza de paz y armonía.

• *Lyio Dwan Jin: Meditación de los seis sectores* •

Esta visualización emplea el mantra de los seis colores verdaderos y las seis sílabas verdaderas para mejorar el chi. La *meditación de los seis sectores* también puede ayudar a curar la depresión y la enfermedad. Hacemos el Mudra tranquilizador del corazón y la mente (página 209). Cantamos el Mantra tranquilizador del corazón y la mente (página 210). Luego, manteniendo la postura, realizamos un ejercicio de respiración simple: inhalamos profundamente y exhalamos –ocho respiraciones cortas y una larga– nueve veces.

Visualizamos dos pequeños soles debajo de cada pie. Nuestras plantas sienten que estos soles irradian calor y luz. Imaginamos que desde los soles dos luces blancas impregnados del sonido "om" entran lentamente en nuestro cuerpo a través de los arcos del pie. Las luces blancas suben por los pies, los tobillos, las pantorrillas. Cuando las luces blancas llegan a las rodillas, se transforman en dos luces rojas que irradian el sonido "ma". Gradualmente estas luces rojas suben por los muslos hasta la pelvis. Cuando han llegado a la pelvis, se unen hasta formar una cálida luz amarilla, que emite el sonido "ni". Esta cálida luz amarilla se desplaza un poco, hasta diez centímetros por debajo del ombligo. En este punto (conocido para los chinos como *dan tien*), la luz se vuelve verde y el sonido se transforma en "pad". Lentamente, esta luz verde llena el área de nuestro pecho, nuestro corazón y pulmones, nuestro abdomen. Cuando la luz nos llega a la garganta, se transforma en una luz azul y el sonido es "me". La luz azul sube hasta llegar a la cabeza, nos llena el cerebro hasta el nivel de nuestro tercer ojo (el centro del entrecejo). En nuestro tercer ojo, el color de la luz se hace negro y esta negrura, con el sonido "hum", llena nuestra cabeza desde el entrecejo hasta la coronilla.

Recitamos el mantra de las seis sílabas verdaderas (página 209) nueve veces.

• *La Rueda dharma en giro continuo* •

La Rueda dharma en giro continuo es una colorida bendición del feng shui que limpia y aviva el chi de una casa u oficina. Se trata de una meditación complicada y difícil en la que debemos visualizar una red de esferas que rotan sobre su eje a la vez que giran describiendo una revolución circular. Las esferas se encuentran en la secuencia

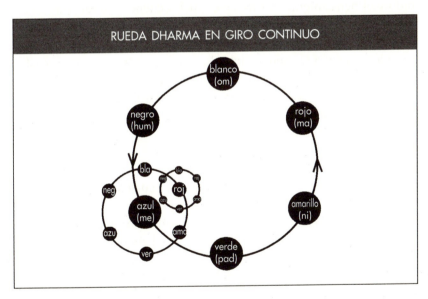

La rueda dharma en giro continuo es una bendición del feng shui que se vale de una imagen dinámica de los seis colores verdaderos, girando en sentido contrario a las agujas del reloj, para avivar y limpiar el chi interior. Cada color, a su turno, es rodeado por los seis colores verdaderos (como se indica en la figura con el azul en el centro), y a su vez, cada uno de éstos es rodeado por otra secuencia de seis colores (como aparece en la figura con el rojo en el centro), y así indefinidamente.

■■■

del orden de los seis colores verdaderos: blanco, rojo amarillo, verde, azul y negro. Aquí el blanco simboliza una pizarra en blanco. Cuando se unen las seis sílabas verdaderas y los seis colores verdaderos, se van sucediendo a partir del blanco (om) al rojo (ma), luego al amarillo (ni) y al verde (pad), al azul (me) y al negro (hum). En este caso, el negro representa a todos los colores, o todas las cosas juntas.

Esta meditación de limpieza de la casa comienza cuando se entra en la casa. Miramos brevemente alrededor, luego salimos y realizamos la Meditación del sutra del corazón (debajo).

Volvemos a entrar en la casa, portando las bendiciones y buenos deseos para los residentes. La Meditación del sutra del corazón nos concede la fuerza del Buda para agregar carácter sagrado a la bendición.

Luego visualizamos una rueda de colores –la rueda dharma– girando enfrente de nosotros. La rueda dharma armoniza la luz, el sonido y el pensamiento. Consiste en una secuencia de seis esferas de diferentes colores que encierran las seis sílabas verdaderas. Cada esfera rota a la vez que va describiendo una revolución circular en el sentido inverso a las agujas del reloj junto con las otras cinco esferas. Cada esfera, a su vez, está rodeada de un anillo que gira a su alrededor formado por seis esferas que rotan sobre su eje –en la secuencia de los seis colores verdaderos– que representan las seis sílabas verdaderas indefinidamente.

• La meditación del sutra del corazón •

Se trata de una meditación para estabilizar y profundizar el sí mismo, así como para mejorar la salud. Primero, nos sentamos, paramos o acostamos en un mudra cómodo (página 215). Cantamos el mantra tranquilizador del corazón y la mente nueve veces (página 215).

Luego, imaginamos un silencio y afuera de este silencio, un sonido suave y distante, "hum", que a medida que se acerca se va volviendo más y más fuerte hasta que entra en nuestro cuerpo a través de nuestro tercer ojo. En el punto de entrada, el sonido "hum" se transforma en una pequeña esfera blanca. Esta esfera desciende hasta el *dan tien*, un punto ubicado unos diez centímetros por debajo del ombligo (véase página 213). Circula horizontalmente en el sentido de las agujas del reloj nueve veces. Luego la esfera sube en espiral por la

En la meditación del sutra del corazón, visualizamos el sonido "hum" entrando en nuestro tercer ojo y transformándose en una esfera blanca que circula a través de nuestro cuerpo (superior). Vuelve a ascender desde el dan tien, cambiando de tonalidad en la secuencia de los colores del arco iris (inferior).

■ ■ ■

parte delantera del cuerpo hasta la parte alta de la cabeza, para bajar por la columna vertebral hasta la entrepierna y nuevamente asciende hasta el punto del "dan tien". Después de que la esfera circula por nuestro cuerpo un total de tres veces, comienza a transformarse en una serie de colores. A medida que se eleva hasta el tercer ojo, la esfera va convirtiéndose en roja, naranja, amarilla, verde, azul, índigo y púrpura. En el tercer ojo, la esfera late, primero en color púrpura, luego índigo, azul, verde, amarillo, naranja y por último rojo.

Visualizamos entonces la esfera roja saliendo de nuestro cuerpo llevándose consigo nuestro chi. Viaja a la presencia de un ser superior, una deidad o luz. Ofrecemos nuestros respetos (refiérase a la práctica de purificación om-ah-hum) y visualizamos nuestro chi separándose de la esfera roja y entrando en el tercer ojo del Buda. Imaginamos nuestro chi expandiéndose hasta llenar el cuerpo entero del Buda. Luego visualizamos nuestro chi, ahora unido al chi del Buda, saliendo del Buda a través del tercer ojo, llenando nuestro cuerpo de manera que nosotros y el Buda somos uno. Tenemos la cabeza llena de la sabiduría perfecta del Buda, el corazón lleno de la compasión y el cuerpo lleno de poder. El color del Buda se transforma en nuestro color. Su imagen y aspecto se vuelve el nuestro. En todas las formas nosotros y el Buda somos una entidad. Luego, visualizamos un fuego que nos quema los ojos, la nariz, los oídos, la lengua y todo nuestro cuerpo. Nada queda, salvo el ser interno del Buda. Luego visualizamos un loto de ocho pétalos que se abre en nuestro corazón. Dentro del loto hay dos esferas: una roja y la otra blanca. Debajo de nuestros pies hay dos capullos de loto y estamos sentados dentro de un loto de ocho pétalos. En nuestro corazón, la esfera roja permanece quieta, mientras que la esfera blanca irradia luz, que llena nuestro cuerpo entero. Imaginamos que esta luz se irradia desde nuestro cuerpo hacia todo el universo de Budas, y también hacia los seis reinos de los seres conscientes. Los seis reinos son: el cielo, los dioses celosos, los seres hu-

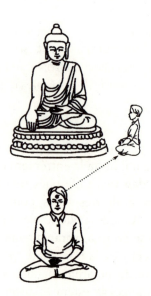

Visualizamos una esfera roja que transporta nuestro chi. Sale por nuestro tercer ojo y viaja a la presencia del Buda.

manos, los animales, los espíritus hambrientos y el infierno. Nuestra luz los va liberando de las cadenas del sufrimiento, llevándolos a un estado de satisfacción. Su luz, ahora, nos será devuelta.

Luego, enviamos nuestra luz de Buda a los parientes –niños, padres, hermanos, amigos– confiriéndoles bendiciones, donde sea que estén. Ellos, a su vez, nos enviarán bendiciones a nosotros. Procedemos a enviar nuestra luz de Buda a todos los animales y seres del mundo, o a enviar bendiciones por la salud, el éxito, riqueza, armonía marital o cultivo del espíritu. Ponemos fin a esta meditación con el mudra y el mantra tranquilizadores del corazón y la mente (véanse páginas 208-209), y repetimos el mantra nueve veces.

Esta meditación puede practicarse durante cualquier momento del día.

• La meditación de la Tara Verde •

Esta meditación, la práctica de la recuperación, puede usarse si tenemos un amigo o pariente que esté enfermo o haya tenido alguna experiencia muy desagradable e inesperada que lo haya sumido en la tragedia. Pongámonos en una posición cómoda, sentados en una silla o en la posición de loto. No meditemos en la cama. Tranquilicémonos con el mudra y el mantra tranquilizadores del corazón y la mente.

Luego visualicemos a la Tara Verde, con todas sus ropas y su esplendor, entrando en nuestro cuerpo o uniéndose a él hasta transformarse en una entidad con nosotros mismos. Por ejemplo, si estamos sentados en una silla mirando hacia el este, ella se encontrará sentada dentro de nosotros mirando en la misma dirección. Sea cual fuere nuestra postura, ella se encontrará en esa misma postura dentro de la cáscara de nuestro cuerpo. Se fusiona con nosotros al instante. Nosotros y la Tara Verde somos una sola entidad. Visualizamos y sentimos que ahora tenemos todos los atributos de la Tara Verde: su sabiduría en nuestra cabeza, su compasión en nuestro corazón, su poder supremo e infinito impregnando nuestro ser físico total. Luego, visualizamos una piedra de jade en el centro de nuestro corazón. Este jade es el "mantra de la semilla" y tiene un sonido –"dome"– que late en el centro de nuestro corazón. Esta piedra verde oscuro se mueve, pulsa. Alrededor de la piedra, hay nueve piedras verdes redondas. Son más pequeñas y de un tono más claro que el mantra de la semilla. Estas nueve piedras son sílabas, que forman el mantra de la Tara Verde: (om), da reh dri da reh du li swo he. "Las nueve piedras giran alrededor de la piedra de jade horizontalmente, en el sentido de las agujas del reloj, emitiendo continuamente el mantra de la Tara Verde mientras, en el centro, la piedra de jade irradia: dome, dome..." El mantra pulsa junto con nuestro corazón, emitiendo su propio color, desde el verde oscuro de la piedra de jade al verde más claro de las piedras del mantra de la Tara Verde.

Luego, afuera del círculo de las nueve piedras, visualizamos un tono aún más claro de verde que se desplaza en sentido inverso a las agujas del reloj. Debe observarse que a los principiantes les suele costar visualizar las nueve piedras girando en el sentido de las agujas del reloj, mientras el verde más claro gira en el sentido inverso alrededor. Algunos admiten sentirse mareados a causa de esta parte de la meditación. De ocurrir esto, se aconseja visualizar que afuera de las nueve piedras una luz verde pálido emana de las piedras hacia el

Visualicemos que nos encontramos en presencia del Buda. Nuestro chi entra en el tercer ojo del Buda, crece hasta llenar el cuerpo entero del Buda. Sale por el tercer ojo del Buda y regresa a nuestro cuerpo. Nosotros y el Buda somos uno.

■■■

universo. Estudiantes más avanzados pueden visualizar la luz color verde claro girando en el sentido inverso a las agujas del reloj sin cesar, mientras las nueve piedras verdes emiten continuamente los sonidos del mantra de la Tara Verde: "da reh dre da reh du li swo he". Al mismo tiempo, la piedra verde oscuro pulsa: "dome, dome..." Luego visualizamos que la luz verde claro que gira alrededor de las nueve piedras verdes emana de nuestro cuerpo, alejándose más y más, hasta llegar a los millones de Budas, o deidades supremas. Los Budas o deidades emiten su luz —una combinación de todos los colores— brillante como la luz solar, enviándola de vuelta hacia nosotros. Cuando la rueda de colores del arco iris gira rápidamente, se transforma en el color blanco. Éste es el primer paso de la consagración. Luego, pensemos en los seis reinos de seres conscientes: el cielo, los dioses celosos, los humanos, los animales, los espíritus hambrientos y el infierno. Enviemos nuestra luz a estos seres conscientes: aliviemos el sufrimiento de su existencia para acercarlos más a la felicidad. Entonces, irradiarán su luz, que se reflejará hacia nosotros. (Su luz puede ser blanca o verde, o de cualquier color que se nos aparezca en ese instante de la meditación.) Durante la meditación, nuestra propia luz mantendrá el tono más claro del verde. El siguiente paso consiste en irradiar nuestra luz hacia un "gurú" o maestro, si tenemos alguno. Si no tenemos un maestro espiritual, podemos visualizar nuestra propia casa. Irradiamos nuestra luz hacia la puerta frontal, por donde ingresará. Usemos la visualización para dirigir nuestra luz y dejarla viajar a través de toda la casa, cuarto por cuarto, hasta que hayamos purificado la casa con nuestra luz visualizada, quitando toda enfermedad, tragedia, dolor y mala suerte. Nuestra casa ahora irradia una luz auspiciosa. Para aquellos sin afiliación religiosa, esta luz puede percibirse como una luz universal: auspiciosa, pacifista, armoniosa y saludable. Si estamos usando esta meditación para ayudar a un ser querido, visualicemos nuestra luz verde pálido entrando en su cuerpo a través del tercer ojo, para bendecirlo y liberarlo de la tragedia que lo acosa.

Para completar la meditación, hacemos regresar nuestra luz. Luego, podemos formular deseos, solicitando ayuda para mejorar la salud, cambiar la mala suerte a buena, aumentar la prosperidad, traer armonía a nuestra vida, incrementar nuestra profundidad y poder espirituales. Concluimos la meditación recitando el mantra de la Tara Verde nueve veces.

• *Cómo visualizar la luz del sol rojo* •

Para recuperarnos de una pesadilla y purificar el mundo de los sueños, esta meditación debe realizarse a la mañana siguiente de nuestro mal sueño, mientras el sueño está fresco y aún seguimos acostados en la cama. Realizamos el mudra y mantra tranquilizadores del corazón y la mente. Visualizamos que aparece una luz solar roja brillante por encima de nosotros, similar a una esfera roja que irradia un color rojo brillante. Esta esfera roja se acerca a nosotros desde lejos. Entrará en nuestro cuerpo a través del tercer ojo. Imaginemos esta luz roja brillante llenando nuestro cuerpo entero, irradiándose hasta cada extremidad.

Gradualmente, la luz roja se elevará desde las plantas de nuestros pies. A medida que sube, visualizamos que va removiendo todo el mal karma, la mala suerte y el chi negativo: el desagradable residuo de nuestra pesadilla. Cuando la luz roja sale de nuestro cuerpo por el tercer ojo, todos los efectos malos de la pesadilla se van con ella y son devueltos al universo.

Repetimos esta parte de la visualización ocho veces más, imaginando que la luz del sol rojo va entrando cada vez más profundo en nuestro cuerpo, poniendo nuestro cuerpo físico completo de color rojo por dentro y por fuera.

Debe observarse que el rojo en esta meditación no sólo es un color sino una luz roja, similar a la de un sol rojo que irradia rayos rojos. La capacidad de visualizar la luz solar roja depende del propio nivel de desarrollo y poder espiritual. Por ejemplo, quizá un principiante pueda visualizar sólo el significado y uso positivo de esta meditación y sentirse mejor después del ejercicio. Esto está muy bien. No obstante, al cabo de años de práctica, podemos comenzar a sentir que cuando se mueve una luz roja, parece llevarse consigo todo nuestro mal karma y mala suerte o todo sentimiento desagradable que sintamos que nos molesta. Con cada ciclo, comenzamos a percibirnos más livianos y más luminosos. Llegamos a sentirnos casi traslúcidos, aun cuando la luz del sol rojo mantiene la misma intensidad y brillo. Después de una cierta cantidad de veces en que la luz roja entró en nuestro cuerpo, lo llenó y salió de él, nos sentiremos como si nuestro propio karma, preocupaciones y ansiedades se hubieran aliviado y hubieran desaparecido. Nos sentimos más livianos. La sensación de transparencia es física, como si nuestra existencia física fuera traslúcida, y así, nos volvemos uno con el universo. Libre de la suerte y el karma negativos, nos sentimos puros y auspiciosos. Luego podemos recitar las seis sílabas verdaderas: *om mani padme bum*.

• *Cómo visualizar al gran Buda de la luz solar* •

Ésta es una meditación para curar a los que padecen enfermedades corporales. Para realizarla, podemos pararnos a la intemperie o visualizar los rayos del sol entrando en nuestro cuerpo.

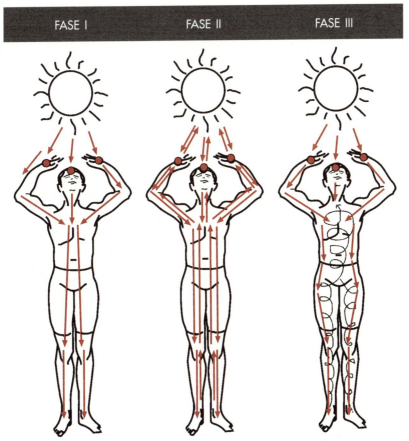

La visualización de gran Buda de la luz solar es una meditación en tres pasos, que se vale de la imagen de los rayos solares para curar las enfermedades del cuerpo.

Fase I

Nos paramos con los pies y hombros bien separados. Levantamos las manos por encima de la cabeza, con las palmas y la frente mirando hacia el cielo. Visualizamos el Sol girando en el cielo y acercándose más y más, cada vez más y más grande, más y más caliente. Luego visualizamos los rayos blancos del sol entrándonos en el cuerpo a través del centro de las palmas y el medio de la frente. Visualizamos la luz del sol bañando nuestro cuerpo con su luz restauradora, hasta sentir el calor y la luminosidad en nosotros. La luz luego sale por las plantas de los pies. Dejamos descansar las manos a los costados del cuerpo.

Fase II

Nos paramos con los pies y hombros bien separados. Visualizamos la luz del sol entrando nuevamente a través de las palmas y el tercer ojo. Imaginamos que la luz recorre fugazmente nuestro cuerpo, llenándolo hasta las plantas de los pies, para luego volver a subir y salir del cuerpo por las plantas y a través de los mismos puntos por los que entró originalmente, lo cual nos dará una fuerte sensación de movimiento. Dejamos descansar las manos a los costados del cuerpo.

Fase III

Retomamos la misma posición. Visualizamos los rayos blancos de la luz solar entrando en nuestro cuerpo a través de las palmas y el tercer ojo, dirigiéndose vertiginosamente hacia las plantas de los pies. Una vez que la luz toca las plantas, los pies se sentirán calientes. La luz será como dos pequeños soles. El ritmo cambia: la luz solar comenzará a subir lentamente en movimiento circular a través del cuerpo. A medida que va ascendiendo, visualizamos que se lleva todos nuestros dolores y células enfermas de las partes afectadas de nuestro cuerpo, para luego abandonarlo arrastrando consigo toda enfermedad. Veamos todo nuestro cuerpo brillar de salud.

Dejamos descansar las manos.

Repetimos estas tres fases nueve veces diariamente durante veintisiete días.

• La práctica de la purificación om-ah-hum •

Los detalles de esta práctica, destinada a la purificación espiritual, dependen del lugar donde se medita. Si no estamos en un altar, primero realizamos la meditación del sutra del corazón (páginas 214-215). Realizamos el mudra y el mantra tranquilizadores del corazón y la mente. Cuando la esfera blanca se encuentra en el dan tien, vemos que el color comienza a cambiar al rojo y a moverse en sentido ascendente hacia nuestro tercer ojo, mientras pasa por la secuencia de colores: rojo, naranja, amarillo, verde, azul, índigo, púrpura. Cuando la esfera se vuelve púrpura, comienza a pulsar como un caballo antes de que se levanten las compuertas para correr una carrera. Mientras late en el tercer ojo, la esfera nuevamente cambia del púrpura al índigo, luego al azul, al verde, amarillo, naranja y rojo. Cuando la esfera llega al color rojo, vemos que la esfera roja encapsula nuestro chi y, actuando como una especie de alfombra mágica, lo lleva a la presencia de un Buda o estatua de un Buda o, si preferimos, un paraíso. Aquí se comienza el ritual de purificación om-ah-hum.

Si comenzamos el ritual en este punto y nos encontramos frente a un altar, primero recitamos el mantra tranquilizador del corazón y la mente, sosteniendo el mudra tranquilizador del corazón y la mente. Iluminamos un incienso y lo sostenemos entre las palmas, con el dedo pulgar haciendo de base para el palito de incienso.

Cantamos "om" extendiendo la nota y sosteniendo las palmas en la parte superior de la frente. Mientras sostenemos esta sílaba, visualizamos la limpieza de todo el karma negativo que hayamos acumulado durante las vidas pasadas y traído a nuestras vidas presentes. A medida que exhalamos la sílaba "ah" y movemos las manos a un nivel apenas por debajo de la boca, visualizamos que todo el karma malo reunido durante esta vida es purgado de nuestra existencia. Al pronunciar "hum" y desplazar las manos al nivel del corazón, deseamos que todo el mal karma que aun queda por ser enfrentado durante el futuro y en las vidas futuras sea expulsado. Al decir "sha" y empujar las palmas hacia abajo, visualizamos que logramos completar y purificar nuestro karma. Pausa.

Nuevamente, elevamos nuestras palmas hacia la parte superior de nuestra frente y cantamos "om". Esta vez visualizamos que todo el mal karma acumulado en las vidas pasadas, presentes y futuras, por actos físicos malos, acciones dañinas y crueles o crímenes cometidos por nuestro cuerpo, son purgados de nuestro cuerpo. Cuando las palmas se desplazan a la altura de la barbilla, cantamos la sílaba "ah", mientras imaginamos que todo el mal karma creado por las palabras injuriosas expresadas durante los tres momentos de vida es borrado de nuestra existencia. Llevando las palmas a la altura del pecho, cantamos "hum" y visualizamos que todo el karma negativo llegado a través de nuestro corazón y nuestra mente se extingue de nuestros momentos de vidas pasadas, presente y futuras. Luego empujamos nuestras palmas en un movimiento descendente y pronunciamos la sílaba "sha" para reforzar la visualización y llevarla, por último, a su punto de realización máxima.

Luego, elevamos las palmas presionadas entre sí suavemente por encima de la cabeza y cantamos "om". Visualizamos que toda la mala suerte y todo mal y hechos desafortunados que hayamos sufrido durante nuestras vidas, sean recientes o perdurables, desaparecen por completo con la sílaba "om". Bajamos las palmas a la altura de la barbilla y cantamos "ah". Visualizamos que toda enfermedad física y mental se aleja de nuestro cuerpo. Por ejemplo, podemos ver que las células se regeneran − nuevas y saludables células reemplazan a las viejas. Imaginamos todos los órganos vitales —los pulmones, el corazón, los riñones, el hígado, los intestinos— funcionando adecuadamente. La enfermedad que buscamos expeler quizá se extienda a problemas emocionales. Para llevar paz y estabilidad a la mente, visualizamos que toda depresión, inestabilidad y furia se resuelven y retiran de nuestra mente y nuestro corazón.

Al pronunciar "hum" después de llevar las palmas a la altura del pecho, visualizamos que el mal karma o mala suerte, los hechos maliciosos y las enfermedades nos abandonaron, liberando nuestra existencia física y dejando lugar al buen karma y buena suerte. El buen karma incluye todos los buenos actos que hayamos realizado, de manera consciente o inconsciente en el pasado, ya sea en esta vida o durante una existencia anterior. Estas buenas acciones y el subsiguiente buen karma ahora tienen espacio para prosperar, crecer y expandirse dentro de nosotros: su luz irradiará hacia afuera desde el interior de nuestro cuerpo. Por último, empujamos las palmas, puestas hacia abajo, en un movimiento descendente pronunciando la sílaba "sha", para que todas nuestras intenciones se realicen exitosamente.

• Cómo visualizar el cuerpo del arco iris •

Antes de comenzar esta visualización, que se emplea para mejorar la virtud y prepararnos para la muerte, nos ponemos cómodos. Realizamos el mudra y el mantra tranquilizadores del corazón y la mente. Visualizamos innumerables Budas, millones de Budas alrededor de nosotros. Imaginamos que emiten su brillante luz sobre nosotros. Esta luz es tan fuerte y sagrada que nos envuelve y purifica. Invade nuestro cuerpo, retirando nuestro karma negativo totalmente. Podemos ver la luz del Buda quitando la enfermedad de nuestro cuerpo.

Luego visualizamos que nuestra carne, músculos y órganos desaparecen. Quedamos completamente vacíos, sólo con el esqueleto. Nuestro esqueleto se encuentra en la posición que tomamos en el inicio de la meditación. Si estábamos parados, nuestro esqueleto estará de pie. Si estábamos sentados, estará sentado. Visualizamos nuestro esqueleto de un color hueso natural y sentimos que la luz universal del Buda continúa brillando sobre nosotros. De pronto, en un instante, vemos que ese esqueleto que queda de nosotros se vuelve de un rojo brillante como el hierro fundido. Este color rojo brillante gradualmente comienza a irradiar una luz roja desde cada resquicio del esqueleto. A medida que emite luz, imaginamos que esa luz se lleva todo nuestro karma negativo. La luz roja irradia hacia afuera, de modo que el universo entero queda bañado de rojo. A poca o mucha distancia, se ve rojo. Luego, visualizamos que nuestro esqueleto vuelve a su color natural mientras que todo el universo que nos rodea permanece rojo.

Repentinamente, nuestro esqueleto se vuelve color naranja. El esqueleto irradia una luz naranja a los millones de Budas. A medida que irradia luz, vuelve a llevarse nuestro karma negativo. La luz naranja irradia hacia afuera, llenando el universo. Luego vemos que nuestro esqueleto regresa a su color natural, pero permanece más brillante que en la primera fase. Los alrededores, cercanos y lejanos, están bañados por la luz naranja.

A medida que continuamos recorriendo el espectro, y los colores van abandonando el esqueleto fase tras fase, vemos cómo éste se va volviendo más brillante, más limpio y más puro... hasta alcanzar el brillo de la luz solar.

En la tercera secuencia, nuestro esqueleto instantáneamente se vuelve amarillo e irradia una luz amarilla hacia los Budas. Podemos ver la cualidad auspiciosa de la luz dorada del Buda. Después de que la luz amarilla llena el universo y retira nuestro karma negativo, imaginamos que nuestro esqueleto vuelve al color natural.

En la siguiente fase, el esqueleto se pone verde. En esta instancia, asociamos la luz verde que irradiamos desde nuestro esqueleto con la de la primavera, el crecimiento y la Tara Verde. Esta luz quita toda la mala salud y los eventos malos o nocivos. Luego, nuestro esqueleto regresa al color hueso mientras que la luz verde permanece, rodeándonos.

Luego visualizamos nuestro esqueleto del color del agua, irradiando una luz verde azulada hacia los Budas y por todo el universo. A medida que nos libera del mal karma, podemos visualizar la ayuda del Buda de la medicina, que alivia los dolores físicos o las enfermedades. Nuestro esqueleto vuelve al color natural, dejando el aura verde agua en el universo.

Entonces, imaginamos que nuestro esqueleto se vuelve de color índigo y emana una luz color índigo a los Budas y por toda la atmósfera, llevándose el mal karma restante. Una vez más, la luz color índigo permanece en la atmósfera mientras que nuestro esqueleto regresa al color natural pero de un color hueso cada vez más brillante.

Luego, una vez que nuestro esqueleto se vuelve púrpura y emana la luz púrpura, bendiciendo todas las cosas del universo, tomará un color que emana una luz solar muy pura y brillante. De modo que toda nuestra estructura ósea irradiará luz.

En ese momento, visualizamos que estamos sentados o parados sobre una flor de loto que crece y nos envuelve. Visualizamos que nosotros y el Buda somos uno: hay una unión inmediata entre nosotros y el Buda. Este Buda o bodhisattva puede ser uno entre todos los que existen: Sakyamuni, Amitabha, Tara Verde, el Buda de la Medicina o Kuan Yin. Éste será nuestro "Buda gurú". El Buda gurú es el que visualizamos en forma instantánea. Por ejemplo, quizá sentimos un vínculo cercano con un Buda en particular, como Kuan Yin. La unidad alcanzada con este Buda gurú resalta y simboliza la creencia budista básica de que cada uno de nosotros tiene un Buda que vive dentro de nosotros. Esta meditación es un ejercicio que nos ayuda a reconocer esta identidad con el Buda y todo lo que él o ella simbolizan. (Si no se quiere usar el Buda, se puede imaginar un dios, María, Cristo, Alá, Jehová, o la luz universal.)

Cuando sentimos que nosotros y el Buda somos uno, en estado

puro y desapegados al mundo material y consciente de la existencia, entonces, en cierto sentido, hemos renacido: somos seres nuevos.

Completamos esta meditación dedicando nuestra luz a los Budas, a los seres conscientes, nuestra familia, gurú, hogar, etcétera.

Cantamos "om mani padme hum" nueve veces.

• La meditación del cuerpo de cristal del arco iris que desaparece •

Esta meditación se realiza para alcanzar un estado de espiritualidad más elevado. Sosteniendo el mudra tranquilizador de la mente, recitamos el mantra tranquilizador de la mente nueve veces. Visualizamos que todo está quieto. Todo –la fama, la riqueza, las preocupaciones, las penas, las enfermedades, nuestra propia imagen– se disuelve en un vacío completo.

Vemos aparecer miríadas de Budas. El cielo raso y el piso desaparecen y todo el universo se transforma en un trono.

Vemos chispazos de luz saliendo del dan tien con un sonido "tsu" (como chispas que son despedidas en una soldadura de acetileno). Las chispas nos llenan el cuerpo entero y surgen en estallidos muy por encima de nuestra cabeza. Cuando el sonido "tsu" se desvanece, las chispas dejan de producirse y comienzan a caer. En el momento en que las chispas caen sobre nosotros, nuestro cuerpo desaparece o se transforma en cristal. Repetimos esto tres veces.

Visualizamos chispas o luces que estallan desde el dan tien; llenan todo nuestro cuerpo y salen despedidas muy por encima de nuestra cabeza hacia el cielo, con una gran luminosidad blanca repleta de destellos. Al caer, las chispas se transforman en los colores del espectro del arco iris: rojo, naranja, amarillo, verde, azul, índigo, púrpura. Tan pronto como las chispas nos caen encima, nuestro cuerpo desaparece o se transforma en un cuerpo de cristal. Repetimos nueve veces.

■■■

Imaginamos nuestro cuerpo transformándose en un cuerpo de cristal como si fuera el cuerpo de un arco iris que es transparente y sin embargo irradia la luz del espectro. En un instante, nuestro cuerpo de arco iris de cristal desaparece volviéndose aire liviano. Cuanto más rápido logramos visualizarlo, mejor. Repetimos nueve veces.

■■■

Visualizamos nuestro cuerpo físico sentado y meditando u ofreciendo incienso. Cuando abrimos los ojos, estamos de regreso.

■■■

Visualizamos una flor de loto de ocho pétalos que florece en nuestro corazón. En la flor de loto está sentado un Buda. El Buda se expande y gradualmente llena todo nuestro cuerpo. El Buda y nosotros somos una entidad. Somos el Buda y el Buda es nosotros. Ahora poseemos toda la sabiduría, la gran compasión y el poder infinito del Buda.

■■■

Nos visualizamos a nosotros mismos irradiando luz, que es la luz del Buda y brilla por encima de:

> Miríadas de Budas del universo;
> Todos los seres conscientes de los seis reinos de la existencia (liberándolos de todo sufrimiento);
> Nuestro maestro espiritual;
> Nuestra familia, parientes y amigos (retirando su enfermedad, obstáculos, etcétera)
> Nuestra casa u oficina (limpiando todo el chi negativo).

Formulemos un deseo y cantemos las seis sílabas verdaderas nueve veces.

Apéndice

Uno de los métodos para determinar los colores auspiciosos consiste en emplear el zodíaco chino con el diagrama de colores del ba-gua de los cinco elementos. El zodíaco chino, tradicionalmente empleado para elegir cónyuges, socios y fechas beneficiosas, también puede emplearse para determinar colores favorables para aplicar en todas las áreas de nuestra vida. Se pueden aplicar los colores del zodíaco en la elección del automóvil, la ropa y la casa.

• *El zodíaco chino* •

El zodíaco chino consiste en ciclos de doce años, a los que corresponden doce animales.
También pueden aplicarse los animales a otros períodos temporales: doce meses en el año, doce fases en el día (de dos horas cada una).

Si observamos que algún miembro de nuestra familia ha nacido en un año incompatible, coloquemos una cinta con aplicaciones de los animales del zodíaco chino debajo de nuestra cama.

A continuación otorgamos una breve sinopsis de los doce animales del zodíaco chino.

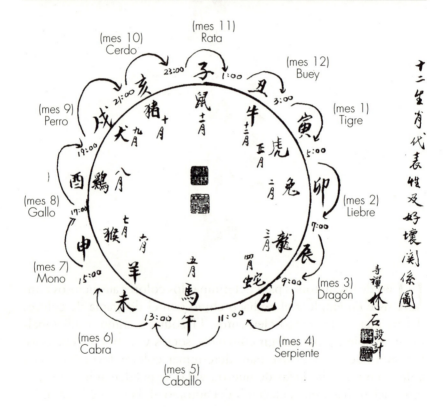

(Nota: los meses son los del calendario lunar chino)

Los doce animales del zodíaco chino se asocian con años, meses y horas, así como con colores. Las tablas que mostramos a continuación explican las aplicaciones específicas del zodíaco chino.

■■■

TABLA DE COLORES DEL ZODÍACO CHINO

Rata	Buey	Tigre	Liebre	Dragón	Serpiente	Caballo	Cabra	Mono	Gallo	Perro	Cerdo
1900	1901	1902	1903	1904	1905	1906	1907	1908	1909	1910	1911
1912	1913	1914	1915	1916	1917	1918	1919	1920	1921	1922	1923
1924	1925	1926	1927	1928	1929	1930	1931	1932	1933	1934	1935
1936	1937	1938	1939	1940	1941	1942	1943	1944	1945	1946	1947
1948	1949	1950	1951	1952	1953	1954	1955	1956	1957	1958	1959
1960	1961	1962	1963	1964	1965	1966	1967	1968	1969	1970	1971
1972	1973	1974	1975	1976	1977	1978	1979	1980	1981	1982	1983
1984	1985	1986	1987	1988	1989	1990	1991	1992	1993	1994	1995
negro	negro	negro	verde	azul	azul	rojo	marrón	marrón	blanco	blanco	blanco
	verde	verde	azul	verde	verde	rosa	rojo	rojo		gris	gris
	verde oscuro	verde oscuro		rosa rojo púrpura	rosa rojo púrpura		rosa	rosa		negro	negro

Se puede emplear esta tabla junto con las siguientes para determinar los años y colores que deberíamos evitar al elegir un compañero o un color.

■■■

La rata (1900, 1912, 1924, 1936, 1948, 1960, 1972, 1984) puede ser divertida, encantadora, honesta y meticulosa. Como resultado las ratas son buenas consejeras, aunque les cuesta mucho decidirse con respecto a sus asuntos personales. Las ratas, a veces, son atraídas por el poder y la riqueza, lo cual lleva a algunas a ser jugadoras y a otras especuladoras. Esta gula, en última instancia, puede tentarlas hacia una trampa destructiva. Color: negro.

El buey (1901, 1913, 1925, 1937, 1949, 1961, 1973, 1985) es laborioso, paciente y organizado. Disfruta ayudando a otros hasta el punto del autosacrificio. En realidad, existen dos variedades diferentes de bueyes. Un buey nacido en el invierno será bondadoso y disfrutará ayudando a los demás. Algunas veces, los bueyes pueden parecer tercos y lentos, pero esta modalidad puede esconder una mente activa. Colores: negro, verde, verde oscuro.

El tigre (1902, 1914, 1926, 1938, 1950, 1962, 1974, 1986) puede ser un líder carismático y dinámico. El tigre tiene la tendencia a ser apasionado, arriesgado e independiente. Los nacidos a la noche son considerados especialmente brutales. Los chinos evitan tener hijos durante este año, porque las mujeres nacidas en un año tigre son consideradas impropiamente feroces. Colores: negro, verde, verde oscuro.

La liebre (1903, 1915, 1927, 1939, 1951, 1963, 1975, 1987) tiene tendencia a ser rápida, inteligente y ambiciosa, pero se distrae fácilmente. La liebre es muy sociable: tiene tacto, es tranquila y sensible con las demás personas. Esta calma, a veces, puede parecer fría o distante; la sensibilidad puede ser superficial y la inteligencia, astuta y diletante. La liebre suele tener suerte: con poco trabajo puede llegar muy lejos. Color: verde o azul.

El dragón (1904, 1916, 1928, 1940, 1952, 1964, 1976, 1988) es una criatura versátil. El dragón es considerado por los chinos poseedor de poderes mágicos. Es capaz de volar por los cielos o de zambullirse en las profundidades del mar. Astuto, robusto y vital, el dragón también es intuitivo, artístico y afortunado. El dragón tiene un lado oscuro. Puede ser obstinado, mal humorado y hasta distraído. Al dragón le cuesta mucho asentarse. Colores: azul, verde, rosa, rojo, púrpura.

La serpiente (1905, 1917, 1929, 1941, 1953, 1965, 1977, 1989) suele recibir el nombre de "pequeño dragón" y es considerado un año de suerte. Las serpientes son sabias, profundas y tranquilas.

COMPATIBILIDADES

120 grados

Usados junto con la tabla anterior, los diagramas de esta página y los que mostramos a continuación nos proporcionan ejemplos de la compatibilidad e incompatibilidad de ciertos animales, años y colores.

■■■

Tienden a ser físicamente atractivas aunque, a menudo, inconstantes. Las serpientes se deslizan fácilmente en el mundo de la fama y el éxito, pero si son confrontadas de la manera equivocada, pueden resultar egoístas y ponzoñosas. La facilidad del éxito puede volverlas perezosas y egocéntricas. También su elegancia puede bordear la pretensión. Colores: azul, verde, rosa, rojo, púrpura.

El caballo (1906, 1918, 1930, 1942, 1954, 1966, 1978, 1990), agradable y positivo, resulta una persona muy amable. El caballo es diligente, equilibrado y rápido. Muy pronto logra poder, riqueza y respeto. El caballo es de fácil acceso, pero su franqueza puede resultar en falta de tacto. A veces, la ambición del caballo resulta despiadada. Los caballos también pueden ser obstinados. Colores: rojo y rosa.

La cabra (1907, 1919, 1931, 1943, 1955, 1967, 1979, 1991) es vivaz, amigable y muy ingeniosa, lo que hace de ella una muy buena persona de negocios. La cabra es de buena naturaleza y generosa, aunque puede resultar poco vital. Las cabras pueden tener problemas familiares y tienden a ser melancólicas. Colores: marrón, rojo y rosa.

El mono (1908, 1920, 1932, 1944, 1956, 1968, 1980, 1992) es vital, amable y muy rápido. Creativos y brillantes, los monos son buenos en la resolución de problemas y pueden ser versados en los negocios. Los monos pueden ser demasiado inteligentes en su propio beneficio, a riesgo de resultar impertinentes y oportunistas. Pueden ser perezosos y algunas veces no ven el bosque porque se concentran en los árboles. Colores: marrón, rojo y rosa.

El gallo (1909, 1921, 1933, 1945, 1957, 1969, 1981, 1993) es industrioso, ingenioso y talentoso. Con gran confianza en sí mismo, el gallo chino es valiente, a diferencia del occidental. Socialmente, los gallos son encantadores, divertidos y vivaces. No obstante, los gallos pueden ser demasiado confiados, ansiosos y orgullosos, lo cual puede desconcertar a amigos y seres queridos. Color: blanco.

El perro (1910, 1922, 1934, 1946, 1958, 1970, 1982, 1994) es un amigo leal, honesto y valiente, con un profundo sentido de lo que está bien. El perro es próspero e inspira confianza; logra rápidamente sus objetivos, si bien, por momentos, muestra cierta tendencia hacia la magnanimidad. Los perros pueden ser cautelosos y ponerse a la defensiva; nunca se relajan. Aunque muestre mansedumbre, el perro está siempre alerta. Colores: blanco, gris, negro.

El cerdo (1911, 1923, 1935, 1947, 1959, 1971, 1983, 1995) es sensible, amable e indulgente. Los cerdos equilibran su inteligencia y cultura con la obscenidad y el desenfado. Algunas veces, sus indulgencias bordean la voracidad. Ésta es su debilidad. Junto a una naturaleza dulce y confiable, puede sacárseles provecho sin que les resulte fácil defenderse. Perezosos, desvalidos e inseguros, los cerdos afortunadamente tienden a tener suerte. Colores: blanco, gris, negro.

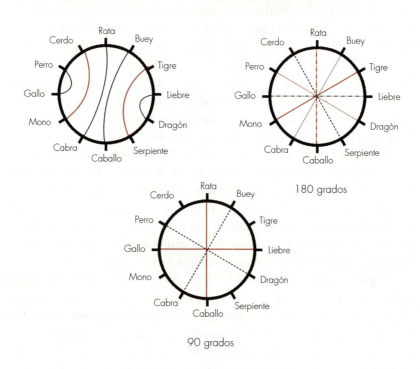

• *Quiromancia del BTB* •

Según los chinos, nuestros cuerpos son como mapas de rutas que indican nuestro pasado, presente y futuro. La topografía de nuestros cuerpos, rostros y manos refleja y revela el curso de nuestra vida. Algunos golpes, manchas de color y marcas de nuestros cuerpos indican problemas médicos, mientras que otros, tales como las cicatrices o pecas, son místicos.

Existen muchos tipos de quiromancia en la China. La quiromancia del BTB es un híbrido de los métodos chinos tradicionales mezclados con los cinco elementos y el ba-gua, teniendo el color un papel importante.

En el BTB, la lectura de manos, tanto izquierda como derecha, es considerada fuente de revelación del destino. Este concepto difiere del de la quiromancia china tradicional, que se centra en la mano izquierda del varón y la derecha de la mujer. En la práctica del BTB, la mano izquierda del hombre representa su destino prenatal, o sea, el que le fue determinado antes del nacimiento. Su mano derecha revela el presente y la manera en que las influencias posteriores al nacimiento, combinadas con su propio desarrollo personal, han ayudado a crear su vida y, por ende, a alterar su destino prenatal. Por ejemplo, el esmero, el feng shui o la meditación pueden mejorar su destino, mientras que la obstinación, la pereza o la estupidez puede cambiar su destino original en forma negativa.

En el caso de la mujer, la mano derecha es prenatal y la izquierda postnatal.

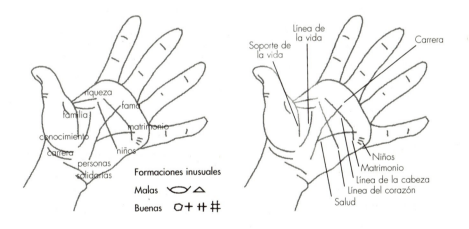

La palma exhibe líneas, facetas y colores que revelan el curso de nuestra vida. El diagrama de colores del ba-gua de los cinco elementos puede ser aplicado en una palma: las formaciones y líneas pueden indicar suerte o desgracia en las áreas correspondientes de la vida.

■■■

Primero se lee la mano prenatal. Si bien las líneas de la mano rara vez tienen que ver con el color, incluimos esta información para que el lector, si lo desea, pueda usar la versión completa de la lectura de manos según el BTB.

Leemos la línea del corazón de afuera hacia adentro. Si la línea es muy clara y sólida, las emociones serán estables. Si se ramifica, habrá de esperarse una hilera de romances. Una línea de la vida sólida y larga augura una vida segura y prolongada con buena salud. La línea de la vida se lee desde la parte superior (el nacimiento) hacia abajo. Una línea interrumpida puede pronosticar accidentes, operaciones o enfermedades. Hacia la parte externa de la línea de la vida se encuentra la línea de soporte de la vida. Dependiendo de su ubicación, la línea de soporte de la vida puede evitar o aliviar los efectos de un accidente o enfermedad. También representa el sostén emocional, tal como la ayuda y el padrinazgo de otras personas. La línea de la carrera corre de arriba hacia abajo. Una interrupción indica un cambio en la carrera. La línea de la salud, que sale de la línea de la carrera predice bienestar físico y mental.

Todas las líneas de las manos incorporan información específica acerca de la edad. Por ejemplo, la línea del corazón puede cortar la línea de la carrera a los treinta y cinco años. Más arriba, la línea de la carrera es cortada por la línea de la cabeza a la edad de cincuenta y cinco años. Una interrupción en la línea de la carrera en el intervalo entre la línea del corazón y la cabeza puede significar un cambio de carrera en la cuarentena.

Quiromancia del ba-gua de los cinco elementos

El diagrama de colores del ba-gua de los cinco elementos también puede aplicarse en la lectura de manos. La palma tiene configuraciones que pueden interpretarse como positivas o negativas. Si dividimos la palma en las ocho áreas del ba-gua, los colores pueden leerse como presagios. Una protuberancia en el área de la riqueza de la palma indicará recompensas financieras. Si esa zona está hundida, pueden esperarse pérdidas monetarias. Una línea vertical en el área de la carrera de la palma puede pronosticar una promoción o un bono, mientras que una línea horizontal puede predecir un descenso de rango o la pérdida del trabajo. Un triángulo definido por las líneas del área del conocimiento que se entrecruzan puede pronosticar un fracaso en los estudios, mientras que una configuración cuadrada de líneas traerá éxito en este aspecto.

Se pueden hacer surgir colores o tonalidades en las palmas si ejercemos un pinchazo con un palillo o presionamos un área determinada. Por ejemplo, si vemos una línea verde —el color de la madera— al presionar el área de la riqueza de nuestra palma, disfrutaremos de un buen ingreso. No obstante, si el tono es rojo, que es el color del fuego que destruye la madera, la fuente de riqueza puede llegar a un fin. Si vemos un atisbo de verde en el área de la familia de la palma, disfrutaremos una buena vida de hogar. Si se ve un tono rojo al presionar el área de la fama de la palma, gozaremos de buena reputación. Una línea negra en el área de la fama indicará un nombre manchado. Si se llega a ver un tono verde en el área de la fama, también es señal de buen nombre. Se debe a que el verde, el color de la madera, alimenta el rojo, el color del fuego y la fama.

Los colores de la palma pueden indicar aspectos de nuestra personalidad. Los modales o buenas maneras se hallan en el área de la fama. La probidad se encuentra en el área de los niños. La sinceridad y lealtad se encuentra en el área del medio (la tierra). La sabiduría yace en el área de la carrera. La compasión reside en la zona de la familia.

Los colores que pueden aparecer cuando se presiona la palma en un área específica, así como los colores que éstos creen mutuamente, indican una presencia de virtudes específicas en esa área de la vida. La presencia de un color mutuamente destructivo indica la ausencia de una virtud particular.

El diagrama de colores de los cinco elementos también puede superponerse en los dedos. El pulgar representa a los padres. El índice son los hermanos. El dedo medio representa el sí mismo. El anular incluye cónyuge y amigos. El meñique representa la prole. Los colores de los cinco elementos se aplican de la siguiente manera: el pulgar es verde; el índice rojo; el dedo medio es marrón o amarillo; el anular es blanco y el meñique, negro. Si estamos teniendo problemas con un pariente o amigo, o si un ser querido está enfermo, según el BTB, podemos ponernos un anillo de un color complementario en el dedo en representación de ese individuo. Por ejemplo, si uno de nuestros hermanos está enfermo, usamos un anillo rojo o un anillo con una piedra roja en el índice para reforzar la cura médica o ayudar a recordarnos los problemas de nuestro hermano.

Bibliografía

Birren, Faber. *Color Psychology and Color Therapy.* Secaucus, N. J.: The Citadel Press, 1961.
Chang, K. C., ed. *Food in Chinese Culture.* New Haven and London: Yale University Press, 1977.
De Bary, William Theodore, ed. *Sources of Chinese Tradition.* 3 vols. New York and London: Columbia University Press, 1970.
Garrett, Valery M. *Traditional Chinese Clothing.* Hong Kong, Oxford, and New York: Oxford University Press, 1987.
von Goethe, Johann Wolfgang. *Theory of Colours.* Cambridge, Mass., and London: M.I.T. Press, 1970.
Kueppers, Harald. *The Basic Law of Color Theory.* Woodbury, New York, London. Toronto, Sydeny: Barron´s, 1982.
Ladau, Robert F., Brent K. Smith, and Jennifer Place. *Color in Interior Design and Architecture.* New York: Van Nostrand Reinhold, 1989.
Lancaster, Lewis, ed. *Prajnaparanita and Related Systems: Studies in Honor of Edward Conze.* Berkeley: Berkeley Buddhist Studies Series, Regents of the University of Berkeley, 1977.
Meyer, Jeffery. *Peking as a Sacred City.* South Pasadena, Calif.: E. Langstaff, 1976.
Plopper, Clifford H. *Chinese REligion Seen Through the Proverbs.* New York: Paragon, Reprint, 1969.
Rossbach, Sarah. *Feng Shui: The Chinese Art of Placement.* New York: E. P. Dutton, 1983.
———. *Interior Design with Feng Shui.* New York: E. P. Dutton, 1987.
Rowley, George. *Principles of Chinese Painting.* Princeton, N. J.: Princeton University Press, 1959.
Saso, Michael. *Taoism and the Rite of Cosmic Renewal.* Pullman, Wash:. Washington State University Press, 1972.
Scott, A. C. *An Introduction to the Chinese Theatre.* Singapore: Donald Moore, 1958.
———. *Chinese Costume in Transition.* New York: Theatre Arts Books, 1960.
Smith, Lauren, and Rose Gilbert. *Your Colores at Home.* Washington, DC: Acropolis Books, Ltd., 1985.
Sze, Mai-mai, trans. and ed. *Mustard Seed Garden Manual of Painting.* Princeton, J. J.: Bollingen Series, Princeton University Press, 1963.
Wallnofer, Heinrich, and Anna von Rottauscher. *Chinese Folk Medicine.* New York: Signet Books, 1972.
Zhou, Xun, and Chunming Gao. *5000 Years of Chinese Costumes.* San Francisco: Chinese Books and Periodicals, Inc., 1987.

壬申除夕碌書持咒以為

讀者祈福增慧保康寧

寺禪林雲

人要氣你你不氣
你若生氣中他計
不氣不氣不能氣
氣壞身體沒人替

■

"EL CHI"

"NO SE ENOJE SI ALGUIEN LO IRRITA.

NO SE DEJE CAER EN SU TRAMPA.

NUNCA DEBE ENOJARSE, PORQUE

LA IRA AFECTA A SU BIENESTAR.

Y SI LA IRA TOMA POSICIÓN, ¿QUIÉN PODRÁ OCUPAR SU LUGAR?"

■

Lin Yun escribió esto con polvo de cinabrio. Mientras lo hacía, cantó un mantra para desear a todos los lectores de este libro bendición, sabiduría, salud y paz.
■ ■ ■

Índice

Prefacio
9

Introducción
17

Capítulo uno:
EL FENG SHUI Y EL ARTE DEL COLOR
23

Capítulo dos:
LAS RAÍCES FILOSÓFICAS DE LA TEORÍA DEL COLOR DE LIN YUN
31

Capítulo tres:
EL COLOR EN LA CHINA: RAÍCES HISTÓRICAS Y CULTURALES
DE LA TEORÍA DEL COLOR DE LIN YUN
49

Capítulo cuatro:
EL FENG SHUI EN EXTERIORES: EL PAISAJE DEL COLOR
EN EL CAMPO Y LA CIUDAD
69

Capítulo cinco:
EL FENG SHUI EN LOS INTERIORES: LA TEORÍA CHINA DEL COLOR
PUEDE MEJORAR EL CHI Y LA SUERTE
109

Capítulo seis:
LA VESTIMENTA: EL USO DEL COLOR
PARA INFLUENCIAR EL MUNDO EXTERIOR
139

Capítulo siete:
ALIMENTACIÓN Y SALUD
157

Capítulo ocho:
TRASLADOS: VIAJAR CON LOS COLORES
163

Capítulo nueve:
EL CHI: CÓMO USAR EL COLOR
PARA INFLUIR SOBRE EL MUNDO INTERNO
171

Capítulo diez:
CURAS MÍSTICAS Y PRÁCTICAS DE CURACIÓN
193

Capítulo once:
VISUALIZACIONES DE COLORES: MEDITACIONES
207

Apéndice
229

Bibliografía
239